Friedrun Angermaier, Jutta von der Lühe

Deutsc

Realschule 5. Schuljahr

TRAINING

Klett Lernen und Wissen

Bibliographische Information Der Deutschen Bibliothek
Die Deutsche Bibliothek verzeichnet diese Publikation in der Deutschen Nationalbibliographie; detaillierte bibliographische Daten sind im Internet über http://dnb.ddb.de abrufbar.

Auflage 4. 3. 2. 1. | 2009 2008 2007 2006
Die letzten Zahlen bezeichnen jeweils die Auflage und das Jahr des Druckes.
Dieses Werk folgt der reformierten Rechtschreibung und Zeichensetzung. Ausnahmen bilden Texte, bei denen künstlerische, philologische oder lizenzrechtliche oder andere Gründe einer Änderung entgegenstehen.

Internetadresse: www.klett.de
Zeichnungen: S. 7, 12, 22, 47, 88, 91, 95, 119, 140: Naomi Fearn, Berlin; S. 46, 57, 97, 101, 109, 110, 115, 117, 181: Marlene Pohle, Stuttgart
Quellenangabe S. 135: Helga M. Novak: Schlittenfahren, aus: Hans-Christoph Graf von Nayhaus (Hrsg.): Kürzestgeschichten, Reclam, Stuttgart 1982.
Umschlaggestaltung: VIER FÜR TEXAS Ideenwerk, Frankfurt/Main
Satz: Klaus Bauer, Bondorf
Reproduktion: Meyle + Müller, Medien-Management, Pforzheim
Druck: Mediahaus Biering GmbH, München
Printed in Germany.
ISBN-13: 978-3-12-927048-5
ISBN-10: 3-12-927048-6

9 783129 270486

Rechtschreibung

Grammatik und Zeichensetzung

Alle Tests auf einen Blick

Liebe Schülerin, lieber Schüler,

mit diesem Buch wollen wir dich durch das 5. Schuljahr begleiten und dir helfen, wichtige Themen des Deutschunterrichts zu wiederholen. Es ist ein Übungsbuch und sieht darum etwas anders aus als die Schulbücher, mit denen du bislang gearbeitet hast. Du wirst dich aber schnell zurechtfinden.

Lies zunächst die **Regeln** und **Tipps**, die unter der Überschrift **Wissen** zusammengestellt sind. Dort erfährst du, worauf du in den einzelnen Kapiteln besonders achten musst.

Zahlreiche **Übungen** helfen dir dann, die Regeln und Tipps anzuwenden. Deine Lösungen kannst du oft gleich in das Buch eintragen.

Mit den **Checklisten** und **Testaufgaben** am Ende der Kapitel kannst du noch einmal kontrollieren, ob du wirklich alle Regeln beherrschst. Dabei hast du auch die Möglichkeit, deine Antworten selbst zu bewerten.

Es gibt in diesem Buch auch Übungen, mit denen du das Schreiben von eigenen Texten trainieren kannst. Lege dafür ein **Trainingsheft** an und trage deine Ausarbeitungen dort ein. Vergleiche sie anschließend mit den **Lösungsvorschlägen** im letzten Teil des Bandes. Deine Formulierungen werden nicht immer mit den Vorschlägen übereinstimmen. Du kannst mit Hilfe der Lösungsvorschläge aber überprüfen, ob du in deinen Texten alle wichtigen Gesichtspunkte berücksichtigt hast.

Solltest du ein Thema aus deinem Deutschunterricht nicht in diesem Band finden, so kannst du am Ende des Buches im Inhaltsverzeichnis von „Training Deutsch, 6. Schuljahr" nachschlagen, ob es dort behandelt wird.

Sicher wirst du mit dem „Trainingsband Deutsch" bald deine Noten verbessern.

Wir wünschen dir viel Erfolg!

Rechtschreibung

1 Groß oder klein?

In der deutschen Sprache gibt es viele Wörter, die mit einem Großbuchstaben beginnen. Beim Sprechen kannst du das natürlich nicht hören. Deshalb sagen dir feste Rechtschreibregeln, welche Wörter du immer großschreiben musst und welche nur in besonderen Fällen.

1.1 Satzanfänge und Nomen

Das **erste Wort eines Satzes** und einer **wörtlichen Rede** schreibst du **immer** groß.
Beispiel: **Mein** Vater sagte: „**Heute** bleibt der Computer aus."

Nomen schreibst du ebenfalls **immer groß**. Nomen erkennst du an bestimmten Merkmalen:

1. Sie benennen Lebewesen, Gegenstände, aber auch Gedanken und Gefühle.
   Beispiel: Hund, Leine, Glück
2. Sie haben meistens den **bestimmten** oder **unbestimmte Artikel** bei sich.
   Beispiel: **der/ein** Hund, **die/eine** Leine, **das/ein** Glück
3. Sie können von verschiedenen Wörtern **begleitet** werden:
   a) von Adjektiven (Eigenschaftswörtern)
   Beispiel: der **treue** Hund
   b) von Pronomen (Fürwörtern)
   Beispiel: **unsere** Leine
   c) von Präpositionen (Verhältniswörtern)
   Beispiel: **neben** dem Hund

Viele Nomen kannst du an ihrer **Endung** erkennen. Wörter mit der **Nachsilbe -heit, -keit, -nis, -ung** sind Nomen, die vor allem aus Adjektiven oder Verben entstanden sind.
Beispiel: Sicher**heit**, Heiter**keit**, Gedächt**nis**, Leist**ung**

1

Unterstreiche im folgenden Text alle Wörter, die großgeschrieben werden. Trage anschließend alle Nomen mit ihren Erkennungszeichen in die Tabelle ein.

eine wunderbare geburtstagsüberraschung

an meinem letzten geburtstag kam meine mutter mit einer dicken decke unter dem arm ins zimmer. „sieh, was ich hier habe!", sagte sie. ich schlug vorsichtig einen zipfel der decke zur seite. da blickte ich in zwei braune dackelaugen. „ein hund!", rief ich. ich fragte: „ist der für mich?" „zum geburtstag", antwortete sie, „aber du darfst nicht vergessen: ab heute musst du immer für ihn sorgen." das versprach ich meiner mutter. ich nannte den kleinen dackel wuschel und freue mich jeden tag über seine drolligen späße.

Nomen + Artikel: ______________________________

____

____

Nomen + Adjektiv: ______________________________

____

____

____

Nomen + Pronomen: ______________________________

____

____

Nomen + Präposition: ______________________________

____

____

2

Forme die folgenden Wörter in Nomen um, indem du eine der Nachsilben -heit, -keit, -nis oder -ung anhängst. Trage sie in die Tabelle ein.

~~traurig~~ – heiter – dunkel – ~~krank~~ – sich ereignen – beleidigen – ewig – ~~erlauben~~ – trocken – gemein – erleben – gestehen – schwierig – senden – überraschen – feucht – versäumen – ~~bewerben~~ – ordnen – gesund

-heit	-keit	-nis	-ung
Krankheit	Traurigkeit	Erlaubnis	Bewerbung

3

Schreibe die folgenden Sätze so um, dass du Nomen statt der Adjektive oder Verben verwendest.

a) Der Drachentöter war tapfer, unerschrocken und kühn. Seine ____________ ____________, ____________ und ____________ waren sprichwörtlich.

b) Das Zimmer war schlicht, einfach, aber schön. Mich überraschten die ____________ ebenso wie die ____________ ____________ und ____________ des Zimmers.

c) Nachdem der Einbrecher verhaftet worden war, wurde er vernommen.
Nach der ____________ des Einbrechers erfolgte seine ____________ .

1.2 Aus Verben werden Nomen

Auch ohne Anhängen einer besonderen Nachsilbe können **Verben als Nomen** gebraucht werden. Man nennt sie dann auch **nominalisierte Verben**, und du **schreibst** sie **groß**. Ein **nominalisiertes** Verb erkennst du

- am begleitenden **Artikel**
  Beispiel: das Lachen, ein Kichern
- an einer vorangestellten **Präposition**, in der häufig ein Artikel versteckt ist
  Beispiel: beim (= bei dem) **Schlafen, zum** (= zu dem) **Turnen**
- an einem vorausgehenden **Pronomen**
  Beispiel: dein Lächeln, dieses Klopfen
- am **Gebrauch im Satz**, wenn du ein fehlendes Begleitwort ergänzen kannst.
  Beispiel: (Das) **Wandern** ist gesund. Ich liebe (das) **Malen**.

1

Verb oder Nomen? Streiche die falschen Anfangsbuchstaben.

L/lesen macht Spaß

Im letzten Monat hatten wir eine Woche des L/lesens in der Schule. Beim V/vorstellen unserer Lieblingsbücher konnten wir viele neue Bücher K/kennen lernen. Abenteuerromane, Rittersagen und Tiergeschichten waren ebenso zu F/finden wie Märchen und Spukgeschichten. In den Leseräumen war lautes S/sprechen verboten, aber in anderen Räumen konnten wir über das G/gelesene S/sprechen. Am Schluss gab es einen Vorlesewettbewerb. Mein V/vorlesen war nicht schlecht, aber fleißiges Ü/üben könnte es sicher noch V/verbessern. Das gegenseitige E/erzählen und A/anhören der Geschichten war spannend und machte sogar mehr Spaß als C/computerspielen und F/fernsehen. Außerdem E/erfuhren wir nicht nur mehr über unsere

Lieblingsbücher, sondern auch darüber, was die anderen Kinder in unserer Klasse D/denken und M/mögen.

2

In den folgenden Sätzen fehlen geeignete Präpositionen. Setze sie ein:

a) Meine Oma trägt _____________ Lesen immer eine Brille.

b) Mein Vater braucht die Brille nur _____________ Autofahren.

c) _____________ Anschalten musst du diesen Knopf drücken.

d) _____________ Auswendiglernen kann es bei dir nicht liegen, wenn deine Noten so schlecht sind. Du musst etwas anderes falsch machen.

e) Ich habe keine Lust _____________ Aufräumen.

1.3 Aus Adjektiven werden Nomen

Auch **Adjektive** können in **Nomen** umgewandelt werden. Man nennt sie dann auch **nominalisierte Adjektive**, sie werden immer **großgeschrieben**. Du erkennst ein nominalisiertes Adjektiv

- am **Artikel**
  Beispiel: das Gute, eine Klügere
- am vorangestellten **Pronomen**
  Beispiel: unser Liebstes
- an einer vorausgehenden **Präposition**
  Beispiel: zum Besten
- an einem begleitenden **Eigenschaftswort**
  Beispiel: das **sanfte Blau, dunkles Gelb**
- besonders häufig an einem vorangehenden **unbestimmten Zahlwort**
  Beispiel: etwas Besseres, viel Spannendes, wenig Neues

Unterscheide: Das **gute Essen** und **das Gute** (= der Vorzug) **daran** ist sein Geschmack.
Unser liebstes Spiel ist Schach. Das Spielen am Abend ist **unser Liebstes** (=unsere liebste Beschäftigung).

1

Überlege, woran du im folgenden Text erkennen kannst, ob das Adjektiv zu einem Nomen wird oder nicht. Streiche anschließend die falschen Anfangsbuchstaben.

Unsere Klasse ist ein bunt zusammengewürfelter Haufen. Das erkennt man schon daran, dass viel B/buntes die Wände schmückt. An der Seite neben der Tür hat jeder E/einzelne ein Foto von sich aufgehängt. Unsere Ä/älteste heißt Mathilde. Sie ist aber nicht die G/größte, sondern fast die K/kleinste. Die A/allerkleinste Schülerin heißt Emily, aber wir nennen sie nur Emmy.

Emmy ist im Turnen die B/beste. Dann ist da noch Jana. Sie hält sich für die S/schönste von allen, denn sie ist ein bisschen eitel. Das nervt manchmal. Aber sie ist auch die H/hilfsbereiteste. Sie ist die E/einzige, die immer Zeit hat, wenn wir sie um Hilfe bitten. Der J/jüngste bei uns heißt Paul. Er hat im A/allgemeinen die B/besten Ideen, wenn es darum geht, sich etwas N/neues auszudenken. Das V/verwirrende ist, dass er manchmal so viel V/verrücktes erzählt, dass ihn keiner verstehen kann. Zum W/witzigsten, was er so tut, gehören die Filmszenen, die er uns immer vorspielt. Das L/lustigste, was er uns bisher geboten hat, war eine Verfolgungsjagd mit sich selbst. Alle, G/große und K/kleine, haben sich vor Lachen den Bauch gehalten.

2

Bilde passende Verbindungen aus den unbestimmter Mengenangabe und den Adjektiven und setze sie in die Sätze ein:

viel, alles, wenig, etwas, nichts, genug
gut – neu – erfreulich – schlecht – schön – bunt

a) Ich wünsche dir ______ ______ zum Geburtstag.

b) In meinem Zeugnis stand ______ ______ .

c) An diesem Aufsatz kann ich ______ ______ finden.

d) Auf diesem Bild gibt es ______ ______ .

e) Du brauchst den Brief nicht zu lesen, er enthält ohnehin ______ ______ .

f) Ich habe dir von meinem Ausflug ______ ______ mitgebracht.

1.4 Das Anredepronomen „Sie"

Das Anredepronomen **Sie** ist die Anredeform, mit der du Fremde und Erwachsene ansprichst (siezen). Du schreibst es immer groß, egal, ob du es in einem höflichen Brief oder einer E-Mail verwendest. Auch das dazugehörige Possessivpronomen **Ihr** mit allen gebeugten Formen (Ihres, Ihren, Ihrem) wird **großgeschrieben**.

Das Anredepronomen **du** (Singular) und **ihr** (Plural) und alle gebeugten (deklinierten) Formen (**dein**, dir, dich, euch, **euer**, euere) schreibst du klein. In **persönlichen Briefen** kannst du die Anredepronomen du und ihr mit ihren entsprechenden Possessivpronomen auch **großschreiben**.

1

Anna schreibt aus dem Urlaub eine Postkarte an ihre Klavierlehrerin, Frau Klein. Ergänze die fehlenden Buchstaben:

Liebe Frau Klein,

aus unserem Ferienort schicke ich ___hnen viele Grüße. Sicher haben ___ie zu Hause nicht so schönes Wetter wie wir. Nächste Woche sind ___nsere Ferien leider schon wieder vorbei. Aber ich lade ___ie und ___hre Schwester schon einmal zu ___einem Geburtstag in vierzehn Tagen ein. Kann ___hre Schwester die Fotos von ___hrem letzten Urlaub mitbringen? Ich werde ___hnen meine Fotos dann auch zeigen. Ich hoffe, ___ie werden schön! Es grüßt ___ie

___hre Anna Blume

Checkliste: Groß- und Kleinschreibung

Damit du einen Überblick hast, welche Wörter klein- und welche groß- geschrieben werden, solltest du folgende Punkte abhaken können:

1. Satzanfänge, vollständige Sätze nach einem Doppelpunkt und das erste Wort einer wörtlichen Rede werden immer großgeschrieben. ☐

2. Alle Nomen werden großgeschrieben. Du erkennst sie an ihrer Wortbedeutung (Lebewesen, Dinge, Gedanken, Gefühle) und häufig an ihren Endungen (-heit , -keit, -nis, -ung). ☐

3. Mehrere andere Wortarten können zu Nomen gemacht werden. Dann werden sie ebenfalls großgeschrieben. ☐

4. Nominalisierte Verben erkennst du ☐
   - am begleitenden Artikel
   - an einer Präposition
   - an einem Pronomen

5. Nominalisierte Adjektive erkennst du ☐
   - am begleitenden Artikel
   - an einer unbestimmten Mengenangabe
   - an einer Präposition
   - an einem Pronomen
   - an einem Adjektiv

6. Das Anredepronomen *Sie* und das entsprechende Possessiv- pronomen *Ihr* mit allen gebeugten (deklinierten) Formen schreibst du groß. ☐

7. Die Anredepronomen *du* und *ihr* mit den entsprechenden Possessivpronomen *dein, euer* und allen Beugungsformen wird kleingeschrieben. In Briefen kannst du diese Pronomen aber auch großschreiben. ☐

8. Alle anderen Wortarten wie Adjektive, Verben, Pronomen und Zahlwörter schreibst du in der Regel klein. ☐

1

Unterstreiche alle Buchstaben, die großgeschrieben werden müssen und schreibe den gesamten Text noch einmal in dein Trainingsheft.

eisbewohner im frack: die geheimnisse der pinguine

pinguine gehören zwar zu den vögeln, aber sie können nicht fliegen. ihre bewegungen an land haben etwas drolliges, weil ihr watscheln immer ein wenig ungeschickt aussieht. wer aber schon einmal pinguinen beim schwimmen zugesehen hat, weiß, dass das wasser ihr eigentliches element ist. die mühelosigkeit, mit der sie sich im wasser fortbewegen, ist erstaunlich. *Punkte:* max. 19

warum aber haben sie ein so seltsames federkleid, das ihnen immer etwas auffälliges verleiht? in der antarktis, ihrem wahren lebensraum, ist ihre färbung sinnvoll. von der meeresoberfläche hebt sich ihr schwarzer rücken kaum gegen den dunklen meeresgrund ab. andererseits sind pinguine von unten gegen die helle wasseroberfläche auch nicht gut zu erkennen. das ist also eine perfekte tarnung. *Punkte:* max. 16

in den niedrigen temperaturen der antarktis trotzen die pingiune der kälte durch kuscheln, das heißt, sie drängen sich aneinander, um sich gegenseitig zu wärmen und um körperwärme einzusparen. *Punkte:* max. 7

pinguinmännchen und pinguinweibchen teilen sich beim brüten und füttern die arbeit. wenn die jungen dann ihre kuscheligen daunenfedern verlieren und durch einen wasserdichten taucheranzug ersetzen, lernen sie das wichtigste: sie beginnen auf eigene faust zu schwimmen. *Punkte:* max. 12

Wenn du alles richtig gemacht hast, kannst du 54 Punkte erreichen. *Gesamtpunkte:* max. 54

50 – 54 Punkte: Groß oder klein ist für dich keine Frage mehr.

20 – 49 Punkte: Nicht schlecht, aber du kannst dich noch verbessern.

0 – 19 Punkte: Es wäre gut, wenn du das Kapitel nochmal wiederholst.

2 Dehnung und Schärfung

Alle gesprochenen Wörter in der deutschen Sprache bestehen aus Lauten: aus **Vokalen** (Selbstlauten), die man alleine sprechen kann (a, e, i, o, u) und deren **Umlauten** (ä, ö, ü), aus **Konsonanten** (Mitlauten), die wir nur zusammen mit einem Vokal aussprechen können (z. B. b, d, k, m, p, r, s, w) und **Doppellauten**, die aus zwei verschiedenen Vokalen (ai, ei, au, eu, äu) zusammengesetzt sind.

Jeden **Vokal** kannst du entweder kurz oder lang aussprechen. Das o in „offen" klingt anders als im Wort „Ofen". Die Schreibweise vieler Wörter richtet sich danach, ob ein Vokal **gedehnt** – also **lang** – oder **geschärft** – also **kurz** – ausgesprochen wird.

Wörter mit kurz gesprochenem Vokal lassen sich auch beim Schreiben an bestimmten **Schärfungszeichen** erkennen. So folgen beispielsweise nach einem kurz gesprochenen Vokal fast immer zwei Konsonanten.

Wörter mit lang gesprochenem Vokal oder Umlaut gibt es dagegen **mit** und **ohne Dehnungszeichen**.

Du kannst dich dabei an folgenden Merksätzen orientieren:

1. Die meisten Wörter, die du mit einem langen Vokal (a, e, i, o, u) oder langem Umlaut (ä, ö, ü) sprichst, werden **ohne Dehnungszeichen** nur mit dem **einfachen** Buchstaben geschrieben.
   Beispiele: **A**bend, l**e**sen, g**i**b, T**o**n, n**u**r/B**ä**r, K**ö**nig, **ü**ben

2. Sehr viele Wörter fügen zusätzlich ein **Dehnungs-h** ein:
   ah, eh, ih, oh, uh/äh, öh, üh
   Beispiele: Ha**h**n, me**h**r, **ih**r, h**oh**l, R**uh**m/F**äh**re, R**öh**re, gl**üh**en

3. Einige Wörter **verdoppeln den Vokal: aa, ee, oo**
   Beispiele: H**aa**r, l**ee**r, M**oo**r

4. Sehr viele Wörter mit dem lang gesprochenen Vokal i fügen ein **Dehnungs-e** ein und werden mit **ie** geschrieben.
   Beispiel: L**ie**d, w**ie**der

2.1 Lang gesprochener Vokal mit Dehnungs-h

Wenn auf einen lang gesprochenen Vokal einer der **Konsonanten l, m, n oder r** folgt, wird in den meisten Fällen dazwischen ein **Dehnungs-h** eingefügt. Du sprichst es im Wort nicht mit.
Beispiele: Stu**hl**, za**hm**, ze**hn**, U**hr,** gä**hn**en
Folgen auf einen langen Vokal **mehrere Konsonanten**, wird **kein** Dehnungs-h eingefügt.
Beispiele: Ba**rt**, He**rd**

Beachte, dass das Dehnungs-h in allen Formen einer Wortfamilie bestehen bleibt.
Beispiele: fro**h**–fro**h**gemut–frö**h**lich; Za**h**n–Zä**h**ne–Za**h**narzt

Verwechsle das Dehnungs-h nicht mit dem **silbentrennende h**. Dieses steht immer zwischen einem langen und einem kurzen Vokal und leitet eine neue Sprechsilbe ein. Du sprichst das silbentrennende h mit und schreibst es bei der Worttrennung als ersten Buchstaben auf die neue Zeile.
Beispiele: ge-**h**en, ru-**h**en, Krä-**h**e

1

Ergänze die richtige Schreibweise.

a oder ah?

der Vorn_____me	die Aufn_____me	der Kr_____n
die W_____l	der W_____l	der M_____ler

ä oder äh?

qu_____len	sch_____len	z_____len
_____nlich	g_____nen	die Tr_____ne

e oder eh?

der H_____rd	der H_____ring	angen_____m
s_____lig	vorn_____m	s_____nen

o oder oh?

die Kr_____ne	das _____r	der Ch_____r
die Schuhs_____le	die K_____le	h_____l

ö oder öh?

die H_____le	die M_____re	das Nadel_____r
fr_____lich	str_____men	vers_____nen

u oder uh?

der St_____l	der _____rlaub	bes_____chen
der Z_____fall	das Bl_____t	der Fl_____r

ü oder üh?

k_____l	k_____n	die Geb_____r
sp_____ren	eigent_____mlich	ber_____ren

2

Trenne die folgenden Wörter und schreibe sie in die richtige Liste.

sehen – drehen – zählen – verzeihen – nehmen – befehlen – blühen – leihen – führen – ehren – drohen – dröhnen

Dehnungs-h	silbentrennendes h

2.2 Doppelvokale

Den Doppelvokal als **Dehnungszeichen** gibt es nur bei den Buchstaben **a, e** und **o**.
Es gibt nur wenige Wörter, die mit **aa, oo** oder **ee** geschrieben werden.
Beispiele: H**aa**re, M**ee**r, M**oo**s

Wenn du von diesen Wörtern Ableitungen, Verkleinerungsformen oder den Plural mit Umlaut bildest, wird aus dem Doppelvokal ein einfacher Umlaut.
Beispiel: H**aa**r – H**ä**rchen, S**aa**l – S**ä**le.

1

In dem Wortgitter sind 12 Wörter mit Doppelvokal versteckt. Markiere sie farbig und trage sie in die Tabelle unter dem jeweiligen Doppelvokal ein. Prüfe, ob es eine Pluralform mit Umlaut gibt und schreibe sie daneben.

D	G	F	P	A	O	Q	P	E	M	B	W	A	A	G	E	B
L	D	B	A	M	B	Q	R	D	O	O	F	P	K	Ö	W	K
C	B	D	A	D	O	Ü	K	A	B	X	S	A	A	L	W	A
H	A	A	R	A	O	B	E	E	R	E	A	N	M	D	R	F
L	D	B	C	M	T	Q	R	T	S	O	N	P	O	Ö	W	F
S	T	A	A	T	Ä	Ü	K	W	E	X	Z	O	O	L	W	E
S	T	E	E	R	A	O	Q	P	E	U	M	B	S	C	D	E

aa	ee	oo

2.3 Der lange i-Laut

Wenn ein Wort mit langem **i** gesprochen wird, schreibst du es fast immer mit **ie**.
Beispiel: B**ie**ne, L**ie**d, h**ie**r, sp**ie**len, Zw**ie**bel

Auch **fremdspachliche** Wörter, die mit einem lang gesprochenen **i** enden, schreibst du mit **ie**.
Beispiel: Fotograf**ie**, Gen**ie**, Energ**ie**

Es gibt nur wenige deutsche Wörter, bei denen auch der Einzelbuchstabe **i** im Wortinneren lang gesprochen wird.
Beispiel: m**i**r, d**i**r, du g**i**bst

Dagegen wird bei fremdsprachlichen Wörtern das **i** im Wortinneren oft lang gesprochen.
Beispiel: Apfels**i**ne, Masch**i**ne, T**i**ger, F**i**bel

In ganz wenigen Fällen schreibst du den lang gesprochenen **i-Laut** als **ih**.
Beispiel: **ih**m, **ih**r, **ih**nen, **ih**re

1

i oder ie?
Setze die fehlenden i-Laute ein:

das L_____d	das Augenl_____d	der R_____se
w_____dersprechen	w_____derholen	w_____derwillig
g_____b	der G_____bel	das B_____r
der _____gel	der B_____ber	die W_____se
die Biolog_____	die Garant_____	die Fotograf_____
das Kn_____	das Klav_____r	die Lotter_____
fotograf_____ren	stud_____ren	prob_____ren
garant_____ren	train_____ren	serv_____ren
die Masch_____ne	die Law_____ne	die Turb_____ne
die Apfels_____ne	die Sultan_____ne	die Margar_____ne
die Viol_____ne	die Ru_____ne	die Pral_____ne

2

Ergänze auch in diesem Text die fehlenden i-Laute.

Martina kommt w_____der einmal z_____mlich enttäuscht aus der Klav_____r-stunde. Die L_____der, die sie h_____r üben muss, sind _____r sehr zu-w_____der. Aber _____re Mutter sagt _____r jeden Tag, sie solle üben. Am l_____bsten würde sie _____r ja w_____dersprechen, aber dann würde _____re Mutter _____r auch das Train_____ren im Sportverein verb_____ten. Also gibt sie sich _____retwegen mit dem Klav_____runterricht zufr_____den und hofft, dass sie v_____lleicht eines Tages auch einmal die Mus_____k spielen darf, die _____r l_____gt.

2.4 Kurz gesprochene Vokale

Ob du einen Vokal kurz, also **geschärft**, aussprichst, richtet sich nach bestimmten Regeln, die dir bei der richtigen Schreibung helfen können. Nach einem kurz gesprochenen Vokal folgen fast immer zwei **Konsonanten**. Dabei gibt es zwei Möglichkeiten:

1. Es folgen **zwei verschiedene Konsonanten (Konsonantenhäufung)**
   Beispiele: wa**rt**en, He**rz**, Hi**rn**, To**pf**, Wu**nd**e

2. Es folgen **zwei gleiche Konsonanten (Konsonantenverdoppelung)**
   Du hörst nur **einen** Konsonanten.
   Beispiele: Fa**ll**e, re**nn**en, i**rr**en, Ko**ff**er, Mu**tt**er

   Die Konsonantenverdoppelung gilt auch für die Nachsilben -in und -nis im Plural.
   Beispiel: Ärzti**n** – Ärzti**nn**en, Gefängni**s** – Gefäng**nisse**

   Doppelkonsonanten in **Wortzusammensetzungen**, **konjugierten Verbformen** und **Wortfamilien** bleiben erhalten, sodass drei oder mehr Konsonanten im Wortinneren aufeinander treffen können.
   Beispiel: Schne**llb**oot (schne**ll** + Boot), Sa**mml**er (sa**mm**eln + Endung), du ko**mmst** (ko**mm**en + Endung) Bre**nnn**essel (bre**n**-**n**en + **N**essel)

3. Besondere Regeln gelten für die Konsonanten **k** und **z**:
   • statt **kk** wird **ck** geschrieben
   Beispiel: Glü**ck**, we**ck**en, So**ck**e
   • statt **zz** wird **tz** geschrieben
   Beispiele: Ka**tz**e, Schu**tz**

   Präge dir gut ein, dass nach kurzem, betontem Vokal ck und tz geschrieben werden, nach langem Vokal oder Doppellaut (Diphtong) aber nur k und z.
   Beispiel: Kreu**z**, Pau**k**e, schnäu**z**en

1

Überprüfe die Regel der Konsonantenverdoppelung und setze in die Wortlücken einen oder zwei gleiche Konsonanten ein.

He_____d – h_____ *(l)* gla_____ – Gla_____ze *(t)* Wa_____d – Wa_____e *(n)*

Gewi_____ – Gew_____de *(n)* sa_____eln – Sa_____t *(m)*

2

Ergänze die folgenden Wörter mit den Doppelkonsonanten bb, dd oder gg, überprüfe die Lösung und präge dir die Wörter ein:

E_____e – Pu_____ing – Ro_____en – Ro_____e – Ba_____er – Pa_____el –

Wi_____er – kri_____eln – bu_____eln – kra_____eln – Schmu_____ler

3

Einige starke Verben haben im Präteritum und im Perfekt einen kurzen Vokal. Das führt dazu, dass der nachfolgende Konsonant verdoppelt wird. Ergänze die folgende Tabelle mit den richtigen Formen.

ich leide	ich *litt*	*ich habe gelitten*
du schneidest	du	
er greift	er	
wir pfeifen	wir	
ihr gleitet	ihr	
sie reiten	sie	

4

Ergänze **ck** oder **k**, **tz** oder **z** und notiere Reimwörter:

schmü_____en dr_____________

Ha_____en L_____________

Hi_____e Spr_____________

hei_____en g_____________

Schmer_____ H_____________

Checkliste: Dehnung und Schärfung

Um in Sachen Dehnung und Schärfung fit zu werden, solltest du folgende Punkte abhaken können:

1. Sprich deutlich und höre genau zu: Ein langer Vokal ist immer gut von einem kurzen Vokal zu unterscheiden. ☐

2. Wird der Vokal lang gesprochen? Dann prüfe folgende Möglichkeiten:

a) Es gibt keine besondere Kennzeichnung. Es folgt aber immer nur ein Konsonant. ☐

b) Vor l, m, n oder r wird häufig ein Dehnungs-h eingeschoben ☐

c) Die Laute a, e und o werden bei wenigen Wörtern verdoppelt, die du kennen solltest (Aal, See, Moos). ☐

d) Der Vokal i hat statt der Verdopplung ein e als Dehnungszeichen ☐

Die Verbindungen ih und ieh kommen nur in wenigen Ausnahmen vor (ihr, Vieh).

3. Wird der Vokal kurz gesprochen? Dann beachte Folgendes:

a) Es folgen hörbar mindestens zwei verschiedene Konsonanten – dann schreibst du den folgenden Konsonanten einfach. ☐

b) Hörst du nur einen Konsonanten, dann musst du ihn verdoppeln. (sammeln, hoffen). ☐

c) Die Konsonanten k und z werden nicht verdoppelt, sondern bilden ck und tz (backen, Katze). ☐

1

Füge die fehlenden Laute ein:

das Sign_____l	das Org_____n	der Kan_____l	die Patr_____ne
der Spi_____n	die Chr_____ik	die Zens_____r	die Fris_____r
die K_____r	die B_____bel	die Pr_____mel	der Kam_____n

Punkte: _____ max. 12

2

Ergänze die fehlenden Laute.

Die Nords_____ ist ein Randm_____r des atlantischen Ozeans. In der Osts_____, einem Nebenm_____r des Atlantik, kann nur an einer Stelle ein Wasseraustausch sta_____finden. An dieser M_____resenge ist die Schi_____ahrt oft durch s_____r hohe We_____en gef_____rdet. Bei N_____drigwasser, der E_____e, läuft das Wasser aus dem Wa_____enmeer ab, bei Flut k_____rt es zurück. Ost- und Nords_____ sind w_____rend der letzten Eiszeit entstanden. Damals war das gesa_____te heutige norddeutsche T_____fland von einer di_____en Eisschicht bede_____t. Warm- und Kaltzeiten wechselten sich ab. In den Warmzeiten st_____g die Temperat_____r an, das Eis schmol_____. Die ablaufenden Schmelzwasser sa_____elten sich in den so gena_____ten _____rstromtälern, die qu_____r zur heutigen Küste flossen. Schon i_____er h_____lten die Küstenbew_____ner _____re N_____rung aus dem M_____r: H_____ringe, Makr_____len, Scho_____e, Heilbu_____ und S_____zunge.

Punkte: _____ max. 38

Wenn du alles richtig gemacht hast, kannst du 50 Punkte erreichen.

Gesamtpunkte: _____ max. 50

43 – 50 Punkte:
Bravo! Du bist bei diesem Thema schon sehr sicher.

16 – 42 Punkte:
Nicht schlecht, aber du kannst dich noch verbessern!

0 – 15 Punkte:
Es wäre gut, wenn du das Kapitel nochmal wiederholst.

3 Die s-Laute (s, ss, ß)

Das s ist einer der häufigsten Buchstaben in der deutschen Sprache. Den Konsonanten s kann man auf zweierlei Weise aussprechen und es gibt drei verschiedene Schreibmöglichkeiten (s, ss, ß)

3.1 Stimmhaftes und stimmloses s

Das s kannst du entweder **stimmhaft** oder **stimmlos** aussprechen.
Der stimmhafte s-Laut klingt summend, du hörst einen Ton und könntest eine Melodie darauf summen.
Beispiele: Rei**s**e, Na**s**e, Ha**s**e

Der stimmlose s-Laut dagegen wird gezischt.
Beispiele: Hau**s**, rei**ß**en, na**ss**e, Stra**ß**e

Der **stimmhafte s-Laut** wird immer mit einfachem **s** geschrieben. Er kommt nur am Anfang oder in der Mitte eines Wortes vor.

Das **stimmlose s** wird im Auslaut, also am Schluss eines Wortes, mit einfachem **s** geschrieben, wenn sich bei der Pluralbildung ein stimmhaftes s ergibt.
Beispiele: das Hau**s** – die Häu**s**er, das Gra**s** – die Grä**s**er

Achtung: Es gibt einige Wörter, die am Wortende mit einfachem **s** geschrieben werden, aber im Plural kein stimmhaftes s, sondern ss haben. Dazu gehören alle Nomen auf -nis und einige Fremdwörter, oft mit eingedeutschter Pluralform.
Beispiele: Geheim**nis** – Geheimn**isse**, Atla**s** – Atlanten oder Atla**ss**e, Globu**s** – Globen oder Globu**ss**e und Zirku**s** – Zirku**ss**e.

Das **stimmlose s** wird zu **ss**, wenn der vorangehende Vokal kurz ist.
Beispiele: Flu**ss**, wi**ss**en , hä**ss**lich

Das **stimmlose s** wird zu **ß**, wenn der vorangehende Vokal lang gesprochen wird oder wenn ein Doppellaut (ei, ai, eu, au, äu) davor steht.
Beispiele: Fu**ß**, Spa**ß**, gie**ß**en; rei**ß**en, Strau**ß**

Bei der Schreibung in Großbuchstaben wird **ß** als **ss** geschrieben.
Beispiele: STRA**SS**E, GIE**SS**EN, HEI**SS**

1

Welches Wort passt nicht? Lies die folgenden Wörter einer Wortreihe laut vor. Sprichst du alle Wörter bis auf eines mit stimmhaftem s, so streiche das Wort mit stimmlosem s und umgekehrt.

rissig	rassig	riesig	rußig
Raster	Raser	Raspel	Rassel
Soße	Sisal	Sessel	Süßigkeit
Gase	Gasse	Gräser	Käse
tosen	missen	reisen	lesen
Wespe	wispern	Wiese	wissen
Besen	bessern	Bester	beißen
Amsel	Hamster	Esel	Wiesel
heiß	weiß	Eis	leise
Masern	Masse	Maße	Muße

2

Die folgenden Wörter enthalten alle ein stimmloses s am Wortende. Ergänze die richtige Schreibung s, ss oder ß. Du findest sie, indem du das Wort verlängerst.

Unterstreiche anschließend die Pluralformen mit stimmhaftem s blau, die Wörter mit stimmlosem s nach kurzem Vokal rot und die Wörter mit stimmlosem s nach langem Vokal grün.

das Fa_____	die Fä_____er	der Prei_____	die Prei_____e
die Mau_____	die Mäu_____e	das Gla_____	die Glä_____er
das Ma_____	die Ma_____e	der Ba_____	die Bä_____e
der Gru_____	die Grü_____e	der Ku_____	die Kü_____e
der Krei_____	die Krei_____e	das Gefä_____	die Gefä_____e
das Ro_____	die Rö_____er	das Hau_____	die Häu_____er
der Grei_____	die Grei_____e	der Spa_____	die Spä_____e
die Gan_____	die Gän_____e	der Gu_____	die Gü_____e
der Fu_____	die Fü_____e	der Ver_____	die Ver_____e

3

Setze im folgenden Text die Nomen in Klammern in den Singular.

Als ich gestern mit **(den Bussen)** ____________________ nach Hause fuhr, fiel mir ein, dass ich **(meine Atlasse)** ______________________________ vergessen hatte. Ich wollte eigentlich nachschlagen, wo Kastilien liegt. Aber das kann ich zu Hause auch auf **(den Globussen)** _________________________ nachsehen. Ich habe nämlich gelesen, dass man dort den **(Krokusse)** ___________________ anbaut, um aus ihm Safran zu gewinnen, das teuerste Gewürz der Welt. Die Ernte ist so mühselig, dass man **(diese Ereignisse)** ____________________ _________________________ mit einem großen Fest feiert und anschließend in einem Kochwettbewerb **(die Ergebnisse)** ______________________________ gemeinsam kostet.

4

Einige Wörter werden gleich ausgesprochen, aber unterschiedlich geschrieben. Sie haben auch eine völlig unterschiedliche Bedeutung. Wähle aus den Wortpaaren jeweils den richtigen Ausdruck für die Lücken aus:

er / sie / es fließt	–	**du fliehst**
der Grießbrei	–	**der Griesgram**
er / sie / es reist	–	**du reißt**
das Verlies	–	**er verließ**
du hast	–	**er / sie / es hasst**
die Frist	–	**er frisst**

a) Die Donau ____________________ ins Schwarze Meer und mein Papierschiffchen ____________________ jetzt donauabwärts, wenn es kein Fisch ____________________ .

b) Der alte ____________________ ____________________ das Haus vor einer Stunde. Er ____________________ es, lange zu warten.

3.2 das oder dass?

Die Wörtchen **das** beziehungsweise **dass** werden oft verwechselt, weil du bei der Aussprache keinen Unterschied feststellen kannst.
Beide s-Laute werden stimmlos gesprochen.

Das Wörtchen **das** kann drei grammatische Bedeutungen haben:

1. **das** als **bestimmter Artikel**
   Beispiel: **das** Pferd
2. **das** als **Demonstrativpronomen**
   Beispiel: Gehört **das** Kickboard dort Tobias?
3. **das** als **Relativpronomen**
   Beispiel: Das Pferd, **das** auf der Weide grast, ist ein Schimmel.

Das Wort **dass** mit **ss** wird dagegen nur als Konjunktion (Bindewort) verwendet und leitet einen Nebensatz ein.
Beispiel: Tobias hofft, **dass** Malte noch kommt.

Wenn du nicht sicher bist, ob du **das** oder **dass** schreiben sollst, hilft dir die so genannte **Ersatzprobe**. Wenn du **das** durch **ein, dies/dieses**, **jenes/welches** ersetzen kannst, schreibst du es immer mit einfachem s.

- **bei bestimmtem Artikel:**
  das Pferd, du kannst aber auch sagen: **ein** Pferd.
- bei **Demonstrativpronomen:**
  Gehört **das** Kickboard dort Tobias?
  Du kannst aber auch sagen:
  Gehört **dieses/jenes** Kickboard dort Tobias?
- **Relativpronomen:**
  Das Pferd, **das** auf der Weide grast, ist ein Schimmel.
  Du kannst auch sagen:
  Das Pferd, **welches** auf der Weide grast, ist ein Schimmel.

Wenn die Ersatzprobe nicht klappt und du keinen sinnvollen Satz bilden kannst, handelt es sich um die **Konjunktion dass**. In diesen Fällen schreibst du dass immer mit ss.

1

Wende die Ersatzprobe an und prüfe, in welchem Fall **das** ein Artikel (A), ein Demonstrativpronomen (D) oder ein Relativpronomen (R) ist. Schreibe die richtige Bezeichnung hinter den Satz.

a) Ein Haus, das mehr als zehn Zimmer hat, ist eine Villa.

Ein Haus, **welches** mehr als zehn Zimmer hat, ist eine Villa (R).

b) Das Haus in der Gartenstraße wird bald abgerissen.

____

c) Das daneben bekommt dagegen einen neuen Anstrich.

____

d) Ein Fahrrad, das kein Licht hat, ist nicht verkehrstauglich.

____

e) Das hier hat sogar eine Halogenlampe.

____

2

Wende die Ersatzprobe an, um festzustellen, wann es **das** oder **dass** heißen muss.

Da_____ Buch, da_____ mir da_____ Mädchen aus meiner Klasse geliehen hat, ist da_____ Märchenbuch von Hans Christian Andersen. Da_____ Märchen daraus, da_____ mir am besten gefällt, heißt „Da_____ hässliche junge Entlein". Da_____ da_____ Märchen so berühmt geworden ist, ist kein Wunder. Es liegt sicher daran, da_____ da_____ Entlein so sehr abgelehnt wird, da_____ jeder Mitleid mit ihm bekommt. Da_____ ist eine Lage, in die jeder von Zeit zu Zeit einmal kommt, nämlich da_____ er da_____ Gefühl hat, da_____ niemand ihn mag. Wenn man dann liest, da_____ da_____ Entlein am Schluss da_____ schönste Tier im ganzen Teich ist, da_____ von Menschen und Tieren bewundert wird, dann ist da_____ ein schönes Ende, da_____ alle tröstet.

Checkliste: Die s-Laute (s, ss, ß)

Damit du dich im Umgang mit s-Lauten sicher fühlst, solltest du folgende Punkte abhaken können:

1. Prüfe zunächst, ob das s stimmhaft oder stimmlos gesprochen wird. ☐
2. Du schreibst das stimmhafte s immer mit einfachem s. Es steht am Wortanfang oder – nach langem Vokal bzw. Doppellaut – in der Wortmitte. ☐
3. Am Wortende und vor einem Konsonanten wird immer stimmlos gesprochen, aber die Schreibung mit einfachem s bleibt erhalten. ☐
4. ss sprichst du immer stimmlos. Es steht nach einem kurzen Vokal. ☐
5. Das ß wird immer stimmlos gesprochen. Du schreibst es nur nach einem langen Vokal, einem Umlaut oder einem Doppellaut. ☐
6. *das* kann Artikel, Demonstrativpronomen oder Relativpronomen sein. Um es von *dass* zu unterscheiden, wendest du die Ersatzprobe an. ☐
7. Die Konjunktion *dass* leitet immer einen Nebensatz ein. Du kannst sie nicht durch ein anderes Wort ersetzen. ☐

1

s, ss oder ß? Entscheide dich für die richtige Schreibweise.

Wa_____er i_____t Leben

Ohne Wa_____er gäbe es kein Leben auf unserer Erde. Es ist gewi_____er-ma_____en für da_____ Leben, da_____ wir kennen, ma_____geschneidert Wir brauchen es von au_____en, wenn wir uns von Schmutz und Schwei_____ reinigen wollen. Da_____ da_____ auch Spa_____ machen kann, sieht man schon bei kleinen Kindern. Und fa_____t alle lieben es, in flie_____enden oder stehenden Gewä_____ern wie Flü_____en oder Seen zu baden.

Wa_____er benötigen wir noch dringender als da_____ E_____en. Menschen kommen im Notfall einige Tage ohne fe_____te Nahrung au_____, nicht aber ohne Wa_____er. Lä_____t man es weg, dann verdur_____ten sie.

Wenn wir nicht genügend Flü_____igkeit aufnehmen, gerät unser Wa_____er-hau_____halt durcheinander und wir bekommen Probleme mit unserem Krei_____lauf.

Au_____erdem enthält alles, was wir e_____en, ebenfalls Wa_____er. Ob_____t und Gemü_____e könnten eben_____owenig ohne Wa_____er gedeihen wie die Tiere, von denen wir uns ernähren.

Weil in gewi_____en Teilen der Erde Wa_____ermangel herrscht und es dort kaum Sü_____wa_____ervorräte gibt, mü_____en sich die reicheren Länder darum kümmern, da_____ sich die mi_____liche Lage der Menschen mithilfe der Wi_____enschaft verbe_____ert.

Punkte: max. 45

2

Setze die fehlenden Verbformen ein und ergänze die s-Laute:

Lieber Sascha,

vielen Dank für deinen letzten Brief. Ich freue mich mit dir, da_____ du dich jetzt nicht mehr länger an eine Diät halten ______________ (müssen). Du ______________ (wissen) schließlich selbst, wie sehr du es ______________ (hassen), wenn du statt in einen Hamburger nur in eine rohe Möhre ______________ (beißen), jeden Schokoriegel links liegen ______________ (lassen) und dir statt einer Limonade nur ein Gla_____ Wa_____er ___________________ (eingießen). Wenn du nicht ___________________ (vergessen), da_____ du in Zukunft nicht zu viele Süßigkeiten _____________ (essen), dann ___________________ (schließen) du das Kapitel „Diät“ bald für immer ab, ___________________ (zerreißen) alle Fa_____tenpläne und ________________ (genießen) ein ganz normales Leben, in dem du deine Erfolge nicht dauernd an deinem E_____verhalten _______________ (messen).

Gru_____ und Ku_____

deine Tante Sophie

Punkte: max. 20

Überprüfe nun deine Antworten im Lösungsteil und gib dir für jede richtige Lösung einen Punkt.

Du kannst maximal 65 Punkte erreichen.

Gesamtpunkte: max. 65

55 – 65 Punkte:
Bravo, bei den s-Lauten bist du schon sehr sicher.

21 – 54 Punkte:
Du kannst dich noch verbessern!

0 – 20 Punkte:
Deine Schwierigkeiten mit den s-Lauten beseitigst du am besten, indem du das Kapitel nochmal wiederholst.

4 Leicht zu verwechselnde Laute

Wörter bestehen – wie du gelernt hast – aus verschiedensten Lauten. Eine Reihe dieser Laute sprichst du gleich aus, obwohl sie unterschiedlich geschrieben werden. Um die richtige Schreibung zu lernen, hilft es dir oft, das Wort zu verlängern oder ein verwandtes Wort zu suchen. Manche Wörter musst du dir aber einfach einprägen.

4.1 ai und ei

ai und **ei** klingen völlig gleich. Es gibt auch keine Regel, wann du ai oder ei schreiben musst. Die **meisten Wörter** werden mit **ei** geschrieben. Die Zahl der Wörter mit ai ist so begrenzt, dass du sie lernen kannst. Beachte dabei, dass alle Wörter aus derselben Wortfamilie mit ai geschreiben werden.

H**ai** – H**ai**fischflosse
K**ai** (befestigtes Hafenufer) – K**ai**mauer
H**ai**n (lichtes Wäldchen) – H**ai**nbuche
K**ai**ser – K**ai**serkrone
L**ai**b (Brot) – Brotl**ai**b
L**ai**ch (Fisch- oder Froscheier) – l**ai**chen
L**ai**e (Nichtfachmann) – L**ai**enwissen
M**ai**s – M**ai**sfeld
die S**ai**te (bei Musikinstrumenten) – S**ai**teninstrument
W**ai**se (elternloses Kind) – W**ai**senhaus

Zu manchen dieser Wörtern gibt es **Homophone**. Das sind Wörter, die **gleich ausgesprochen**, aber **anders geschrieben** werden und eine ganz **andere Bedeutung** haben. Du kannst nur aus dem Zusammenhang entscheiden, welches der beiden Wörter hier gemeint ist.
Beispiele: S**ai**te (beim Instrument) – S**ei**te (im Buch)
W**ai**se (elternloses Kind) – W**ei**se (Art)
L**ai**e (Nichtfachmann) – (ich) l**ei**he

1

Bilde Zusammensetzungen mit Wörtern, die den Doppellaut ai enthalten. Manchmal musst du zwischen die beiden Teile ein n schieben (ein so genanntes Fugen-n).

Brot - ____________________

Klavier - ____________________

Frosch - ____________________

Voll - ____________________

Katzen - ____________________

Feld - ____________________

____________________ - buche

____________________ - mauer

____________________ - theater

____________________ - baum

____________________ - krönung

____________________ - kolben

2

Ergänze den fehlenden Doppellaut ai oder ei.

a) Frösche l____chen zu einer bestimmten Jahresz____t.

b) Ich habe auf die Rücks____te des Abholsch____ns notiert, dass die Bass-s____te ersetzt werden soll.

c) Bei schönem M____wetter halten sich alle gerne im Fr____en auf.

d) Sie nimmt an einem L____entheaterspiel t____l, weil sie ihre Freiz____t sinnvoll verbringen will.

e) In meiner H____matstadt gibt es ein ehemaliges W____senhaus, das ____nst ein r____cher Wohltäter für verw____ste Kinder erbauen ließ.

f) Der M____s gehört ebenso zu den Getr____dearten wie der R____s.

4.2 äu und eu

Weil es in der Aussprache **keinen Unterschied** zwischen **äu** und **eu** gibt, überprüfst du am besten, ob das Wort eine verwandte Form mit **au** hat.
Beispiel: l**äu**ten – l**au**t; F**äu**lnis – f**au**l

Wörter, die sich **nicht** von einem **Stammwort** mit au ableiten lassen, schreibst du mit eu.
Beispiel: B**eu**te, h**eu**te, sch**eu**ßlich

Einige Wörter lassen sich allerdings nicht ableiten. Präge sie dir ein.
- das Kn**äu**el (Wollknäuel)
- sich r**äu**spern
- die S**äu**le
- sich str**äu**ben

1

Schreibe das zugehörige Ableitungswort auf:

häufig - ____________________

Säugling - ____________________

sich schnäuzen - ____________________

Gräuel - ____________________

schäumen - ____________________

Geräusch - ____________________

2

äu oder eu? Setze ein:

a) H_____te Morgen wurde ich von einem ohrenbet_____benden Ger_____sch aus meinen Tr_____men geweckt.

b) Wir essen h_____te ger_____cherte Hirschk_____le und anschließend Str_____selkuchen.

c) Wenn du dich h_____fig schn_____zt, kannst du deine Nasenschleim-h_____te s_____bern.

d) Der Verk_____fer r_____sperte sich und s_____fzte, bevor er sich zum Zustand des Geb_____des _____ßerte.

4.3 ä und e

Die Laute **ä** und **e** kannst du zwar bei sehr deutlicher Aussprache unterscheiden (während – sich wehren), aber sie werden trotzdem leicht verwechselt.

Auch hier gilt die **Ableitungsregel**: Wenn es ein verwandtes Wort mit dem Buchstaben **a** im Wortstamm gibt, schreibst du mit **ä**.

Einige Wörter mit ä lassen sich nicht ableiten.
Merke dir die Schreibung:

B**ä**r	M**ä**dchen	j**ä**ten	Sch**ä**del
K**ä**fer	M**ä**rchen	sp**ä**t	L**ä**rche (Nadelbaum)
K**ä**fig	M**ä**rz	schr**ä**g	Sch**ä**rpe (Band)
K**ä**se	S**ä**ge	d**ä**mmern	h**ä**ngen
Gel**ä**nder	L**ä**rm	**ä**tzen	…-w**ä**rts

1

Finde ein verwandtes Wort mit a.

a) behände – *Hand*
b) Kälbchen – ____
c) mächtig – ____
d) Gärtner – ____
e) Ärmel – ____
f) schälen – ____
g) Stängel – ____
h) wärmen – ____
i) Bändel – ____
j) fälschen – ____

2

ä oder e? Setze ein:

Die B___ren im K___fig sind schwerf___llig und tr___ge, sie sind n___lich zu s___hr in ihrer Bew___gungsfreiheit eingeschr___nkt. In freier Wildbahn sind sie flink und beh___nde und dabei f___hig, betr___chtliche Str___cken in kürzester Zeit zurückzul___gen.

4.4 b, d, g – p, t, k

Zu den Buchstaben, die oft ähnlich oder gleich ausgesprochen, aber unterschiedlich geschrieben werden, gehören auch die **stimmhaften Laute b, d, g** und die **stimmlosen Laute p, t, k**.

Verlängerung und Ableitung eines Wortes
Wenn du wissen willst, ob du am Wortende (also im Auslaut) b oder p, d oder t, g oder k schreiben musst, machst du die **Verlängerungssprobe**. Dazu hängst du an das Wort eine Endung an, bei Nomen zum Beispiel den Nominativ Plural oder den Genitiv Singular, bei Adjektiven eine Steigerungsform. Dann kannst du meist hören, wie der Auslaut geschrieben werden muss.
Beispiele: Wal**d** – Wäl**de**r, Hel**d** – des Hel**den**, muti**g** – muti**ge**r

Eine weitere Möglichkeit, die auch bei Konsonanten innerhalb eines Wortes klappt, ist die **Ableitung** des Wortes. Du suchst einfach nach einem **verwandten Wort** aus der Wortfamilie oder bildest bei **Verben** den **Infinitiv**.
Beispiele: kran**k** – krän**k**eln, er hu**p**t – hu**p**en

Bei den folgenden Wörtern mit **b** und **p** im **Wortinneren** kannst du **keine hörbare Ableitung** bilden, weil ein weiterer Konsonant folgt. Präge sie dir gut ein.
Der A**b**t – die Er**b**se – der Her**b**st – der Kre**b**s – das O**b**st – der Gi**p**s – der Ra**p**s – der Schna**p**s – der Stö**p**sel – der Pa**p**st – das Ze**p**ter – der Klem**p**ner

1

Schreibe zu folgenden Wörtern jeweils ein Ableitungswort auf.

herb – ____________	es zirpt – ____________
nebst – ____________	plump – ____________
Eid – ____________	Pförtner – ____________
hart – ____________	Bank – ____________
Park – ____________	schräg – ____________
Zweig – ____________	Raub – ____________
taub – ____________	Wind – ____________

Checkliste: Leicht zu verwechselnde Laute

Bei gleich und ähnlich klingenden Lauten hilft eine genaue Aussprache nicht immer weiter. Du solltest daher folgende Punkte beachten:

1. Hast du die Wahl zwischen **ai** und **ei**, schreibst du normalerweise **ei**. Du merkst dir die wenigen Ausnahmen (Kaiser, Mais ...) ☐
2. Musst du zwischen **äu** und **eu** unterscheiden, mache die Ableitungsprobe und suche nach einem Wort aus derselben Wortfamilie mit **au**. ☐
3. Musst du zwischen **e** oder **ä** unterscheiden, mache die Ableitungsprobe und suche nach einem Wort aus derselben Wortfamilie mit **a**. ☐
4. Die stimmhaften Konsonanten **b, d, g** werden am Wortende (im Auslaut) wie **p, t** und **k** gesprochen. Wenn du nicht sicher bist, welche Schreibweise richtig ist, machst du die **Verlängerungsprobe**, indem du eine Endung, beispielsweise eine Plural- oder (bei Adjektiven) eine Steigerungsform, anhängst. Du hörst dann, ob der Laut stimmhaft oder stimmlos ist. ☐
5. Eine andere Möglichkeit, wenn du zwischen stimmhaftem und stimmlosem Kononanten entscheiden musst, ist die **Wortableitung**. Du suchst nach einem **verwandten Wort** oder bildest bei Verben den **Infinitiv**. ☐

1

Setze die entsprechenden Laute ein.

ai oder ei:

Viele Kinder, die ein Musikinstrument erlernen wollen, können sich nicht gl____ch entsch____den. Die Wünsche r____chen von der ____nfachen Blockflöte bis zur Orgel. Viell____cht kommt noch ein Str____chinstrument wie die G____ge oder ein anderes S____teninstrument wie die Gitarre in Frage. Allerdings sind G____ge und Orgel für den L____en nicht l____cht zu erlernen.

Punkte: max. 11

ä oder e, äu oder eu:

In vielen F____llen w____hlen die ____ltern das Klavier. Es ist das gebr____chlichste Musikinstrument. Der Ton wird erz____gt, indem man über eine Taste ein H____mmerchen bewegt, das eine Saite anschl____gt und zum Klingen bringt. Wer am Klavier seine Fr____de haben will, muss h____fig üben. Das bed____tet, t____glich einen str____ngen Plan einzuhalten. Viele L____te sch____en davor zurück.

Punkte: max. 14

2

Entscheide dich bei den folgenden Sätzen für das Wort in der richtigen Schreibung und achte dabei auf die Bedeutung im Satz.

Fälle – Felle | **Lerche – Lärche** | **Gewehr – Gewähr**
Welle – Wälle | **Stelle – Ställe** | **Gäste – Geste**

a) Der Meisterdetektiv hat schon viele ____________ gelöst.

b) Früher sicherte man die Siedlungen, indem man Erd____________ aufschüttete.

c) Der Bote wollte für die Richtigkeit seiner Nachricht keine ____________ übernehmen

d) Die ____________ ist ein Baum, der im Winter seine Nadeln verliert.

e) An deiner ________________ würde ich es auch so machen.

f) Sie öffnete die Tür und machte eine einladende ________________ .

Punkte: max. 6

3

b oder p:

Wenn man ein Klavier geer____t hat, dann ist es sel____stverständlich überhau____t kein Problem, gleich ein ____aar Melodien zu klim____ern.

d oder t:

Aber stat____ wer____volle Zei____ zu vergeuden, sollte man sich lieber in der Stad____ einen guten Klavierlehrer suchen. Der sorgt hoffen____lich dafür, dass man bal____ ein Stän____chen spielen kann.

g oder k

Zu Anfan____ ist es richti____ mühsel____, den ersten Versuchen des kleinen Klavierspielers zuzuhören. Aber bald wird er kein Neulin____ mehr sein, sondern flin____ seine Fin____er über die Tasten ____leiten lassen, sodass die schönste Melodie erklin____t.

Punkte: max. 20

Überprüfe nun deine Antworten im Lösungsteil und gib dir für jede richtige Lösung einen Punkt.

Du kannst maximal 51 Punkte erreichen.

Gesamtpunkte: max. 51

45 – 51 Punkte:
Sehr gut, bei den leicht zu verwechselnden Lauten kennst du dich aus.

21 – 44 Punkte:
Du kannst dich bestimmt noch verbessern!

0 – 20 Punkte:
Wiederhole das Kapitel am besten noch einmal.

5 Wörter trennen

Manchmal reicht eine Zeile nicht aus, um das letzte Wort zu Ende zu schreiben. Dann musst du das Wort trennen und in der folgenden Zeile fortsetzen. Dafür gibt es **feste Regeln:**

1. Mehrsilbige Wörter werden nach **Sprechsilben** getrennt.
   Eine **Silbe** ist der kleinste sprechbare und hörbare Teil eines Wortes. Deshalb enthält eine Silbe immer mindestens **einen Vokal** und meistens einen oder mehrere Konsonanten.
   Beispiel: **Schtz** kannst du nicht laut sprechen, aber **hier–her**

2. **Einsilbige** Wörter kannst du **nicht trennen**.
   Beispiel: Haus, Uhr, Bad

3. Wenn du ein Wort trennst, beginnst du die neue Zeile immer mit einem **Konsonanten**. Steht zwischen zwei Vokalen nur ein Konsonant, so rutscht dieser auf die neue Zeile.
   Beispiel: ru-fen, sa-gen, Poli-zei

4. Stehen mehrere Konsonanten zwischen zwei Vokalen, so beginnst du die neue Zeile mit dem **letzten Konsonanten.**
   Beispiel: rup-fen, schimp-fen

5. Die **Mehrfachkonsonanten** ch, ck, sch, ph, th werden **nicht getrennt**, weil sie nur als ein Laut gesprochen werden.
   Beispiel: la-chen, wa-schen, De-cke, Phos-phor, Apo-the-ke

6. **Einzelvokale** darfst du **nicht abtrennen**, weder am Anfang noch in der Mitte noch am Schluss eines Wortes.
   Beispiel: Abend, **nicht**: A-bend, Bio-müll, **nicht:** Bi-omüll,
   Reue, **nicht**: Reu-e)

7. **Zusammengesetzte** Wörter werden nach ihren **ursprünglichen Bestandteilen** getrennt.
   Beispiel: Haus-tür, Koch-buch, schein-bar, be-stehen

   Nur dort, wo du die Zusammensetzungen nicht mehr erkennst, sind beide Trennungen möglich.
   Beispiel: hi-nauf oder hin-auf, da-rum oder dar-um

1

Trenne die zusammengesetzten Wörter in ihre Bestandteile, indem du Längsstriche dazwischen setzt. Nicht trennbare Wörter kreise ein.

Fußballmannschaft – Glanz – Torschuss – Herz – Kopfball – Sportschau – Schwimmwettkampf – Eislaufpaar – Schall – Schiedsrichter – Schluss – Autorennen – Siegerehrung – Kranz – steht – Tiefschnee – Fahrt

2

Trenne die folgenden Wörter nach Sprechsilben.

glücklich – *glück-lich*

Wetter – ____________________

Wolke – ____________________

Woge – ____________________

Eltern – ____________________

zappeln – ____________________

Klammer – ____________________

Weise – ____________________

lustig – ____________________

heftig – ____________________

schmutzig – ____________________

natürlich – ____________________

knusprig – ____________________

Krapfen – ____________________

Straße – ____________________

Hilfe – ____________________

3

Trenne so oft wie möglich. Unterstreiche nicht trennbare Wörter.

wiederholen – ____________________

Verbesserung – ____________________

entfliehen – ____________________

Lehrerin – ____________________

Moorpflanzen – ____________________

oder – ____________________

Kutscher – ____________________

Mikrophon – ____________________

Ladentheke – ____________________

Igel – ____________________

Vorschläge – ____________________

Laie – ____________________

Abend – ____________________

knistern – ____________________

Dusche – ____________________

Rache – ____________________

Katze – ____________________

Efeu – ____________________

4

Setze in diesem Bilder-Silbenrätsel die passenden Wörter zusammen und schreibe sie untereinander in dein Trainingsheft. Die Anfangsbuchstaben ergeben – von oben nach unten gelesen – ein einfaches, aber vielseitiges Spielzeug.

al – all – Ar – But – chen – de – de – do – er – Fra – gall – ge – ge – heu – Lam – le – Li – Li – mo – na – Nach – ne – Olym – on – pi – pia – pich – rol – se – Tep – ter – ti – tin – tis – Un – zei

Dein Lösungswort lautet: ______________________________

Grammatik und Zeichensetzung

1 Wortarten

In der deutschen Sprache gibt es Tausende von Wörtern, die du in acht Wortarten aufteilen kannst. Jede Wortart erfüllt eine eigene Aufgabe für den Inhalt einer Aussage oder eines Satzes.

1.1 Das Nomen und seine Formen

Nomen und Artikel

Ein **Nomen** (es heißt auch **Substantiv** oder Namenwort) bezeichnet Lebewesen, Gegenstände, aber auch Gedanken und Gefühle. Du erkennst es daran, dass du einen bestimmten oder unbestimmten Artikel (Begleiter) davor setzen kannst.
Beispiele: **die** Schwalbe, **ein** Auto, **der** Ärger.

Der **bestimmte Artikel** (der, die, das) bezeichnet etwas Bekanntes. Die Mehrzahlform des bestimmten Artikels lautet „die".
Beispiele: **die** Computer, **die** Blumen, **die** Autos.

Der **unbestimmte Artikel** (ein, eine, ein) führt etwas Neues, Unbekanntes ein, das zum ersten Mal genannt wird. Für diesen Artikel gibt es keinen Plural.
Beispiel: ein Passagier – Passagiere.

Genus und Numerus des Nomens

Jedes Nomen hat ein Geschlecht (**Genus**). Man unterscheidet das **Maskulinum** (männlich, der König), das **Femininum** (weiblich, die Königin) und das **Neutrum** (sächlich, das Schloss).
Der Artikel, an dem du das Genus erkennen kannst, bezeichnet aber nur das **grammatische Geschlecht**; bei manchen Nomen passt der Artikel nicht zu ihrem natürlichen Geschlecht.
Beispiel: „Das Mädchen" ist eine weibliche Person und „der Schrank" ist ebenso eine Sache wie „die Tür".

Die meisten Nomen kommen nicht nur im **Singular** (Einzahl), sondern auch im **Plural** (Mehrzahl) vor. Mit diesen Begriffen gibt man den **Numerus** (die Anzahl) an.

Wenn du den Plural eines Nomens bildest, verändert sich meistens seine Form. Das geschieht durch

1. Umlaute	der Ball – die B**ä**lle
2. Endungen	der Rollschuh – die Rollschuh**e**, das Rennauto – die Rennauto**s**
3. Kombination von beiden	das Fahrrad – die Fahrr**ä**de**r**

Einige Wörter verändern bei der Pluralbildung ihre Form nicht:
der Würfel – die Würfel.

Der Kasus

Erst mithilfe des **Kasus** (Fall) kannst du erkennen, welche Rolle das Nomen in einem Satz oder in einer Aussage einnimmt.

Man unterscheidet **vier verschiedene** Kasusformen:

1. Fall **Nominativ** (Du fragst: Wer oder was?)	**Der Lehrer** schreibt. **Die Lehrer** schreiben.
2. Fall **Genitiv** (Du fragst: Wessen?)	Der Lehrer **des Kindes** schreibt. Die Lehrer **der Kinder** schreiben.
3. Fall **Dativ** (Du fragst: Wem?)	Er schreibt **der Mutter.** Sie schreiben **den Eltern**.
4. Fall **Akkusativ** (Du fragst: Wen oder was?)	Er schreibt der Mutter **einen Brief.** Sie schreiben den Eltern **Briefe.**

Wie du siehst, verändern sich mit den verschiedenen Kasusformen auch die Artikel der Nomen.

Wenn ein Nomen in einen Kasus gesetzt wird, nennt man das **deklinieren** (beugen).

1

a) Unterstreiche im folgenden Text die Nomen rot. Du findest sie heraus, wenn du überprüfst, ob ein Artikel davor steht oder ob du einen davor setzen kannst.

DER UNVERSCHÄMTE PASSAGIER

WÄHREND EINER FLUGREISE FÄLLT EIN AMERIKANISCHER PASSAGIER DURCH SEINE ÜBERHEBLICHKEIT AUF. AUSSERDEM ÄUSSERT ER STÄNDIG SONDERWÜNSCHE UND SCHNAUZT DIE STEWARDESSEN UNHÖFLICH AN. ALS DAS MITTAGESSEN SERVIERT WIRD, GERÄT DAS FLUGZEUG IN TURBULENZEN. ALS DIE STEWARDESS DEM AMERIKANER EINE GEFÜLLTE SUPPENTASSE REICHEN WILL, SCHWAPPT EIN TEIL DES INHALTS ÜBER SEINE KRAWATTE. DER PASSAGIER LÄSST SEINEM ZORN FREIEN LAUF UND AKZEPTIERT AUCH NICHT DEN GUTSCHEIN, DEN DIE FLUGGESELLSCHAFT IN EINEM SOLCHEN FALL BEREITSTELLT. DA ERHEBT SICH AUS DER HINTERBANK EIN ANDERER AMERIKANISCHER FLUGGAST, DRÜCKT DEM UNVERSCHÄMTEN LANDSMANN EINEN HUNDERTDOLLARSCHEIN IN DIE HAND UND SAGT: „DAS IST FÜR DEN REST!“ DARAUFHIN LEERT ER DIE GESAMTE SUPPENTASSE ÜBER DEM KOPF DES NÖRGLERS AUS.

b) Unterstreiche anschließend mit grünem Stift die bestimmten und mit blauem Stift die unbestimmten Artikel.

2

Schreibe die folgenden Wörter mit dem bestimmten und dem unbestimmten Artikel auf die Zeile. Für alle Wörter gibt es zwei Bedeutungen, die du nur am Genus erkennen kannst.

Beispiel: **Junge:** *der Junge, ein Junge – das Junge (Tierbaby), ein Junge(s)*

a) **Kiefer** ______________________________

b) **Tor** ______________________________

c) **Leiter** ______________________________

d) **Heide** ______________________________

e) **Kunde** ______________________________

f) **Tau** ______________________________

3

Bilde die Pluralformen. Streiche die Wörter durch, die keine Pluralform haben. Kreuze die richtige Form der Pluralbildung an (U= Umlaut, E = Endung, U+E = Umlaut + Endung, k.V. = keine Veränderung)

a)	**Kellner**	die ______	U	E	U+E	k.V.
b)	**Fenster**	die ______	U	E	U+E	k.V.
c)	**Muskel**	die ______	U	E	U+E	k.V.
d)	**Mann**	die ______	U	E	U+E	k.V.
e)	**Muster**	die ______	U	E	U+E	k.V.
f)	**Obst**	die ______	U	E	U+E	k.V.
g)	**Floß**	die ______	U	E	U+E	k.V.
h)	**Flosse**	die ______	U	E	U+E	k.V.
i)	**Hass**	die ______	U	E	U+E	k.V.
k)	**Dienst**	die ______	U	E	U+E	k.V.
l)	**Block**	die ______	U	E	U+E	k.V.
		die ______	U	E	U+E	k.V.
m)	**Park**	die ______	U	E	U+E	k.V.
n)	**Laden**	die ______	U	E	U+E	k.V.

4

Mit der telefonischen Ansage für das Kinoprogramm scheint etwas nicht in Ordnung zu sein. Gib den Filmtiteln einen Sinn, indem du bestimmte Artikel einfügst. Schreibe dazu, welchen Kasus sie bezeichnen.

Kasus

„Gefahren *krächzkrächz* Tiefsee". ______ ☐

„*krächzrumps* Vater *krächz* Braut" ______ ☐ ☐

„*pieps* Dschungel entronnen" ______ ☐

„Hörst du *schsch* Schrei?" ______ ☐

1.2 Das Adjektiv

Mit Hilfe von **Adjektiven** (Eigenschaftswörtern) kannst du Lebewesen, Gegenstände und Sachverhalte **genauer kennzeichnen, unterscheiden und bewerten**.
Ein Adjektiv erkennst du daran, dass du es **zwischen einen Artikel und ein Nomen** einfügen kannst. Es richtet sich in **Genus, Numerus und Kasus** nach dem Nomen, auf das es sich bezieht.
Beispiel: alte, zerbeulte Dosen (die **alten, zerbeulten** Dosen)
Adjektive werden **immer kleingeschrieben**.

Viele Adjektive können gesteigert werden. Mithilfe der **Steigerung** kannst du verschiedene Grade einer Eigenschaft bezeichnen.
Beispiel:
1. Die Ferien sind **lang** (**Positiv** / Grundstufe).
2. Im Nachbarland sind sie **länger** als bei uns (**Komparativ** / Vergleichsstufe).
3. **Am längsten** sind die Ferien in den USA (**Superlativ** / Höchststufe).

1

Unterstreiche die Adjektive in diesem Brief. Welche Aufgabe erfüllen sie?

Liebe Lara,
stelle dir einen endlosen, langen, sandigen und menschenleeren Strand vor. Am frühen Morgen ist es schon sehr warm, aber wunderbar still. Später wird dieser zauberhafte Küstenabschnitt allerdings von zahlreichen, lauten Familien überfallen.

2

Ergänze die Endungen.

Aber dann sind wir schon längst wieder zurück in unserem versteckt____ Dorf im schattig____ Hinterland, dessen freundlich____ Bewohner uns knusprig____ Brot, saftig____ Tomaten und würzig____ Käse verkaufen. Schade, dass dieser wunderschön____ Urlaub bald vorbei ist.
Viele sonnig ____ Grüße schickt dir

deine Kathrin

3

Überprüfe, welche Adjektive du steigern kannst und trage sie mit ihren Steigerungsformen ein.

Beispiel: klein – kleiner – am kleinsten

Positiv	Komparativ	Superlativ
gut		
rund		
kalt		
nackt		
stumm		
schwer		
klug		
lustig		

1.3 Das Pronomen

Die **Pronomen** (Fürwörter) stehen in enger Verbindung zu einem Nomen. Darauf weist schon ihr Name hin: Das lateinische „pro" bedeutet „für" und „nomen" ist eine andere Bezeichnung für das Namenwort oder Substantiv.

1. Das **Personalpronomen** (persönliches Fürwort) *ich, du, er, sie, es, wir ihr, sie* steht stellvertretend für Lebewesen, Gegenstände oder Begriffe. Es richtet sich in **Numerus** und **Kasus** nach dem Nomen, das es ersetzt.
   Beispiel: Ich sehe **ihn** (meinen Freund); ich sehe **sie** (die Kinder).
   Um ein Personalpronomen genauer zu bestimmen, bezeichnet man es mit **Person, Numerus und Kasus**.
   Beispiel: mir = 1. Person Singular, Dativ

2. Das **Possessivpronomen** (besitzanzeigendes Fürwort) *mein, dein, sein, ihr, unser, euer, ihr* drückt Besitzverhältnisse oder Zugehörigkeit aus. Es stimmt in Numerus und Kasus mit dem Nomen überein, das es begleitet.
   Beispiel: **mein** Hund, **deine** Katze, **unser** Fußball, **eure** Lieblingsmusik

1

Welche Dinge verbergen sich hinter den blau gedruckten Pronomen?

a) Es ist schwarz und weiß gestreift und gibt Töne von sich.

____

b) Meins bringt alljährlich Angst und Pein
und meine Eltern sich nicht sehr freun,
wenn ich am letzten Schultag ziemlich bleich
mit ihm zerknirscht nach Hause schleich.

____

2

Füge Possessivpronomen ein.

a) Teile ______________ Taschengeld besser ein.

b) Wir haben ______________ Eltern um Erlaubnis gebeten.

c) Ich brauche noch frischen Vogelsand für ______________ Wellensittich.

d) Tom sucht schon seit zwei Stunden nach ______________ Geldbeutel.

e) Warum habt ihr ______________ Freunde vernachlässigt?

3

Ergänze die folgende Tabelle mit den Personalpronomen so, dass jedes Kästchen ausgefüllt ist.

		Nominativ	Genitiv		
Singular	1. Person		meiner		
		du		dir	
	3. Person maskulin	er			ihn
	3. Person feminin		ihrer		
	3. Person neutrum	es	seiner		
	1.Person		unserer		uns
		ihr	eurer		
			ihrer		sie

1.4 Die Präposition

Präpositionen werden auch Verhältniswörter genannt, denn sie legen fest, in welchem Verhältnis Personen und Gegenstände zueinander stehen. Sie stehen meist vor einem Nomen oder Pronomen und bilden mit ihnen zusammen den **Präpositionalausdruck.**

Beispiel: Wegen des Verbots las er nun immer in der Nacht mit der Taschenlampe unter der Bettdecke ein Buch.

Mithilfe von Präpositionen machst du Angaben über **Ort** oder **Zeit** sowie über **Begründung** oder **Art und Weise** eines Geschehens.

- **wegen** des Verbots (Begründung), du fragst: warum?
- **in** der Nacht (Zeit), du fragst: wann?
- **unter** der Bettdecke (Ort), du fragst: wo? oder wohin?
- **mit** der Taschenlampe (Art und Weise), du fragst: wie?

1

Füge richtig in die Tabelle ein.

während – mit Erfolg – seit gestern – wegen des Gewitters – vor dem Auto – vor Aufregung – zur Schule – auf Türkisch – um 10 Uhr – in sein Zimmer

räumliches Verhältnis	zeitliches Verhältnis	Verhältnis der Art und Weise	Begründung

2

Welche Präpositionen fehlen in diesem abgebrochenen Tagebuchtext, den man in einer vergessenen Tempelanlage gefunden hat?
Schreibe den Text nochmal vollständig in dein Trainingsheft.

3

Unterstreiche nun die Ortsangaben rot und die Zeitangaben blau, alle Präpositionalausdrücke der Art und Weise schwarz.

Checkliste: Wortarten

Um die verschiedenen Wortarten richtig unterscheiden zu können, solltest du noch einmal kontrollieren, ob du das folgende Wissen beherrschst.

1. Bei den Wortarten unterscheidest du zwischen den deklinierbaren und nicht deklinierbaren Wortarten. ☐
2. Deklinierbar sind alle Wortarten, die aufgrund von Numerus, Genus und Kasus ihre Form verändern können. ☐
3. Beim Numerus unterscheidet man Singular und Plural, beim Genus Maskulinum, Femininum und Neutrum und beim Kasus die vier Fälle Nominativ, Genitiv, Dativ und Akkusativ. ☐
4. Zu den deklinierbaren Wortarten gehören Nomen, Artikel, Adjektiv sowie die meisten Pronomen. ☐
5. Nicht deklinierbar ist die Präposition. ☐
6. Beim Artikel unterscheidest du den unbestimmten und den bestimmten Artikel. ☐
7. Pronomen stehen stellvertretend für ein Nomen (Substantiv). Unterscheide zwischen Personalpronomen und Possessivpronomen. ☐
8. Das Adjektiv kann gesteigert werden. Die Steigerungsformen lauten Positiv, Komparativ und Superlativ. ☐

1

In den folgenden Zeilen verstecken sich jeweils sechs Wörter einer Wortart. Unterstreiche sie und schreibe den Namen der Wortart dahinter. Für jedes gefundene Wort gibst du dir einen halben Punkt.

a) duvolktrilöchergthgfamilieneumöbelrttischhkherd ____________________

b) dieschicklierkostbartrufeinfacharmklliebzureichmond ____________________

c) teilderzilteinklareineklruidiefürdasnoirdenörsdefrt ____________________

d) ichhdurtzdirklrwirmerkwürdigklenzsiezttasseetknihr ____________________

Punkte: max. 12

2

a) Benenne den Kasus **(N)**ominativ, **(G)**enitiv, **(D)**ativ, **(A)**kkusativ.

b) Unterstreiche die Präpositionen.

Zum Frühstück aß man im alten Rom Oliven (A), Käse (   ) oder vielleicht ein Ei. Das Brot (   ) holte man sich vom Bäcker (   ). Aber vielen Menschen (   ) war dies zu teuer. Getreidebrei (   ) war der Hauptbestandteil der Ernährung (   ) der meisten Menschen (   ). Am Abend mischte man Zwiebeln (   ), Fisch oder Gemüse dazu. Mittags aß man die Reste (   ) des Vortags. (   ) Der Wein (   ) wurde mit viel Wasser (   ) verdünnt. Und diesem Getränk (   ) setzte man merkwürdige Beigaben (   ) wie z. B. Asche, Gips oder Sirup zu.

Punkte a): max. 14

Punkte b): max. 15

3

Welches Wort ist kein Adjektiv?

a) vergesslich, länglich, löslich, folglich ______

b) richtig, ratsam, reiben, reichlich ______

c) langsam, entlang, langwierig, länglich ______

d) bald, bunt, braun, breit ______

Punkte: max. 4

4

Füge die fehlenden Personalpronomen mit rotem Stift und die Possessivpronomen mit blauem Stift ein.

a) „Jetzt habe ich schon wieder ______ Taschenrechner vergessen, kannst du mir ______ leihen?" „Da muss ich ______ leider enttäuschen, man hat ______ ______ gestern geklaut."

b) Marcel ärgerte sich fürchterlich. ______ konnte nicht glauben, dass ______ ______ Fußballschuhe und auch noch die Stoppuhr ______ Vaters vergessen hatte.

c) Liebe Schüler, ______ begrüßen ______ sehr herzlich in ______ neuen Schulhaus und hoffen, dass ______ im kommenden Schuljahr wenig Ärger mit ______ Lehrern haben werdet.

Punkte: max. 14

5

a) Setze in folgendem Text die passenden Präpositionen ein.

b) Schreibe anschließend die Präpositionalausdrücke heraus und benenne sie.

______________ den Ferien haben wir __________________ Unterricht ein tolles Experiment gemacht. Man stülpt einen Luftballon ______________ den Hals einer beliebigen Flasche, die man vorher erwärmt hat. ____________ Abkühlen der Flasche wird der Luftballon ______________ Innere gezogen. _____________________ der abgekühlten Luft, die ______________ der Flasche eingeschlossen ist, bläst sich der Luftballon dort wieder auf.

Punkte a): max. 7

Punkte b): max. 7

Überprüfe nun deine Antworten mit dem Lösungsteil und gib dir für jede richtige Antwort einen Punkt (Ausnahme: Aufgabe 1).

Die Höchstzahl, die du in diesem Test erreichen kannst, sind 63 Punkte.

Gesamtpunkte: max. 63

53 – 63 Punkte:
Super! Du kennst dich bei Wortarten schon sehr gut aus.

21 – 52 Punkte:
Nicht schlecht, aber mit ein bisschen mehr Übung könntest du es bestimmt noch besser!

0 – 20 Punkte:
Du solltest das Kapitel nochmal wiederholen.

2 Eine Wortart für sich: Verben

Die Wortart, die du am häufigsten benutzt, sind Verben (Tätigkeitswörter). Du kannst fast keinen Satz bilden, in dem nicht mit Hilfe eines Verbs **Tätigkeiten, Vorgänge** oder **Zustände** beschrieben werden.

2.1 Die Personalform des Verbs

Die Grundform des Verbs (**Infinitiv**) endet auf -en oder -n. *(lachen, sein, können).* In dieser Form findest du ein Verb auch im Wörterbuch.
Verben werden **immer kleingeschrieben**.

Wenn sich ein Verb in einem Satz auf einen Handlungsträger bezieht, verändert es seine Form und wird gebeugt **(konjugiert).** Die konjugierte Form des Verbs bezeichnet man als **Personalform**. Sie richtet sich nach der **Person** (1./2./3. Person) und dem **Numerus** (Singular/Plural).
Beispiel: ich lache, du lachst, er ist, wir sind, ihr könnt, sie können

An der Personalform kannst du erkennen
- ob jemand eine Aussage über sich macht (ich lache, wir lachen)
- ob eine oder mehrere Personen angesprochen werden (du lachst, ihr lacht)
- oder ob Aussagen über andere getroffen werden. (er/ sie/ es lacht, sie lachen)

1

Im folgenden Text steht das Verb „geben" immer im Infinitiv. Schreibe den Text in dein Trainingsheft und setzte dabei die richtige Form ein.

Pausenhandel

Wenn du mir deinen Schokoriegel **(geben)**, **(geben)** ich dir meine Bananenmilch. Stefan **(geben)** uns etwas von seinem Schnitzelbrötchen ab. Schließlich **(geben)** wir ihm immer unsere Hefte, wenn er die Hausaufgaben abschreiben will. Und wenn er sagt: „Ihr **(geben)** mir immer nur die Hausaufgaben, wenn ihr selber nicht wisst, ob sie richtig sind", dann sagen wir: „Dann **(geben)** dir die Lehrer jedenfalls keinen Verweis."

2
Unterstreiche nun alle Personalformen des Verbs „geben" sowie die Nomen oder Pronomen, von denen die Handlung ausgeht.

3
In der folgenden Konjugationstabelle siehst du, wie die Personalformen bezeichnet werden.

Trage die richtigen Formen von **werfen, klingeln** und **bleiben** ein.

1. Person Singular ich	*werfe* ______ ______	**1. Person Plural** wir	*werfen* ______ ______
2. Person Singular du	______ ______ ______	**2. Person Plural** ihr	______ ______ ______
3. Person Singular er, sie, es	______ ______ ______	**3. Person Plural** sie	______ ______ ______

4
Was macht man mit diesen Gegenständen? Bilde die entsprechenden Personalformen.

a) Buch — 2. Person Singular: ______

b) Pinsel — 3. Person Plural: ______

c) Glas — 1. Person Plural: ______

d) Spaghetti — 3. Person Singular: ______

e) Kopfhörer — 1. Person Singular: ______

5

Bestimme von folgenden Personalformen die Person und den Numerus.

	Person	Numerus
ihr schwimmt	2. Person	Plural
du boxt		
er reitet		
wir fechten		
ich jogge		
sie rudern		

6

Setze die richtigen Personalformen ein.

Wenn meine Mutter ________________ **(arbeiten)**, ______________ **(helfen)** wir im Haushalt: Stefanie __________________ **(erledigen)** den Abwasch, und ich ______________ **(putzen)** das Bad. Vielleicht ______________ **(haben)** du es besser, denn deine Eltern ________________ **(leisten)** sich eine Haushaltshilfe. Aber dafür ______________ **(kennen)** ihr nicht das Gefühl, ein Team zu sein. Es ___________________ **(bedeuten)** uns sehr viel, zusammenzugehören.

2.2 Die Verbarten

Bei den Verben unterscheidet man **Vollverben** und **Hilfsverben**.

1. **Vollverben** *(lachen, singen)* können allein in einem Satz die Satzaussage (**Prädikat**) bilden.
   Beispiel: Was macht er gerade? Er **arbeitet**.

2. **Hilfsverben** *(sein, haben, werden)* und **Modalverben** *(können, müssen, dürfen)* benötigen ein Vollverb oder andere Wörter für eine vollständige Satzaussage.
   Beispiel: Ich **bin** krank. Sie **haben** gerufen. Ihr **müsst** kommen.

Wenn du die **Stammformen** des Verbs angeben sollst, nennst du

- den **Infinitiv: gehen, sein**
- den **Präteritumstamm**, mit dem die Vergangenheit gebildet wird: (ich) **ging**, (ich) **war**
- das **Partizip Perfekt:** (ich bin) **gegangen**, (ich bin) **gewesen**

Bei den Vollverben unterscheidest du zwischen den

- **starken Verben**, bei denen sich der Stammvokal in den beiden Stammformen der Vergangenheit ändert:
  s**i**ngen – (ich) s**a**ng – (ich habe) ges**u**ngen
  k**o**mmen – (ich) k**a**m – (ich bin) gek**o**mmen

- **schwachen Verben**, bei denen er gleich bleibt:
  l**a**chen – (ich) l**a**chte – (ich habe) gel**a**cht

- **unregelmäßigen Verben** mit **gemischter Konjugation,** die Merkmale von starken und schwachen Verben enthalten:
  r**e**nnen – (ich) r**a**nnte – (ich bin) ger**a**nnt.

1

Unterstreiche im folgenden Text alle Vollverben. Ordne zuerst die starken Verben mit ihren Stammformen in die Tabelle ein, dann die schwachen. Findest du auch das Verb mit der gemischten Konjugation?

Nach dem letzten Schultag vor den Sommerferien wirft Kai seine Schultasche zunächst in eine Ecke, wo sie auch die nächste Zeit bleiben wird. Puh, er hat gerade noch einmal das Schuljahr geschafft. Nun liegt er auf seinem Bett. Draußen regnet es und seine Stimmung sinkt. Soll er mit seinen Freunden ins Hallenbad gehen oder die nächsten Stunden vor der Playstation sitzen? Da klingelt das Telefon, und sein großer Bruder bittet ihn, bei der Obsternte zu helfen.

Infinitiv	Präteritum	Perfekt
Starke Verben		
Schwache Verben		
Verb mit gemischter Konjugation		

2.3 Das Tempus

An den Tempusformen (Zeitformen) des Verbs kannst du erkennen, ob eine Handlung oder ein Zustand in der **Gegenwart**, in der **Vergangenheit** oder in der **Zukunft** stattfindet. Deshalb heißen Verben auch Zeitwörter.

Beispiel: Heute **ist** ein schöner Tag, und ich **gehe** schwimmen.
Gestern **war** es kalt, und ich **blieb** zuhause.
Morgen **wird** es wieder **regnen**.

1. Mit dem **Präsens** (Gegenwartsform) bezeichnest du
   - ein Geschehen, das sich in der Gegenwart ereignet. Die Form leitest du vom Infinitiv ab, indem du die Personalendung anhängst.
     Beispiel: Ich **putze** mir gerade die Zähne (putzen).
   - Aussagen, die **allgemeingültig** sind.
     Beispiel: Afrika **ist** ein großer Kontinent. Du **schiebst** die Kuchenform in den vorgeheizten Backofen.
   - Auch ein Geschehen, das in der Zukunft stattfindet, kannst du im Präsens ausdrücken, wenn aus dem **Satzzusammenhang** deutlich wird, dass es sich nicht um ein Geschehen in der Gegenwart handelt.
     Beispiel: In den Ferien **fahre** ich mit meinen Großeltern nach Italien.

2. Das **Präteritum** (einfache Vergangenheitsform) benutzt du, wenn ein Geschehen in der Vergangenheit abgeschlossen wurde. Viele Erzählungen oder Märchen stehen im Präteritum.
   Beispiel: Ich **putzte** mir gerade die Zähne, als das Licht **ausging**.

   Bei der Bildung des Präteritums beachtest du:
   - **starke Verben** bilden dieses Tempus durch eine Veränderung des Stammvokals:
     k**o**mmen – (ich) k**a**m
   - **schwache Verben** bilden das Präteritum mit der Silbe **-te**:
     bremsen – (ich) brems**te**
   - **unregelmäßige Verben** verändern den Stammvokal und fügen **-te** an:
     r**e**nnen – (ich) r**a**nnte

3. Wenn ein Geschehen zwar in der Vergangenheit stattgefunden hat, in seinen Auswirkungen aber in die Gegenwart hineinreicht, verwendest du das **Perfekt** (zusammengesetzte Vergangenheitsform).

Das Perfekt ist eine zusammengesetzte Zeit, für die du die 3. Form des Verbs (**Partizip Perfekt**) zusammen mit der konjugierten Form der Hilfsverben *haben* und *sein* brauchst.

Beispiel: Ich **habe** mir immer die Zähne **geputzt** und **bin** heute mit gutem Gewissen zum Zahnarzt **gegangen**.

Bei der **Bildung** des Perfekts beachtest du:

- **starke Verben** bilden das Partizip mit der Vorsilbe **ge-**: sehen – (ich) sah – (ich **habe**) **ge**sehen
- **schwache Verben** bilden das Perfekt mit der Endung **-t**: erleben – (ich) erlebte – (ich **habe**) erleb**t**
- **unregelmäßige Verben** enthalten beide Kennzeichen: kennen – (ich) kannte – (ich **habe**) **ge**kann**t**

1

Füge die passenden Verbformen im Präsens ein.

Wenn du eine tiefgefrorene Pizza ______________ **(zubereiten)**, ______________ **(müssen)** zunächst der Backofen vorgeheizt sein. Wenn die Temperaturanzeige 180 Grad ______________ **(angeben),** ______________ **(schieben)** du die Pizza in den Ofen. Meine Gäste ______________ **(bevorzugen)** eine knusprige Pizza. Deswegen ______________ **(gießen)** ich immer etwas Öl auf den Belag. Erst wenn ich ______________ **(sehen)**, dass der Käse geschmolzen ist, ______________ **(holen)** ich die Pizza aus dem Ofen. Dann ______________ **(stürzen)** wir uns heißhungrig auf die Mahlzeit.

2

Füge die richtigen Formen im Präteritum ein.

Am gestrigen Montag ____________ (kommen) es zu einem Unfall auf dem Zebrastreifen vor der Goetheschule. Als ein Schüler gerade die Straße ____________ (überqueren), ____________ (nähern) sich ein Radfahrer mit hoher Geschwindigkeit. Obwohl der Fahrer noch ____________ (bremsen), ____________ (reißen) er den Schüler zu Boden und ____________ (verletzen) ihn an der Schulter. Danach ____________ (rennen) er weg. Das Fahrrad ____________ er ____________ (liegen lassen). Die herbeigerufene Polizei ____________ (nehmen) den Vorgang zu Protokoll.

3

Die folgenden Verben haben unterschiedliche Bedeutungen, wenn sie stark oder schwach konjugiert werden. Setze die richtige Form im Präteritum ein.

a) An der Pinwand ____________ (hängen) tagelang der veraltete Stundenplan. Dann erst ____________ (hängen) der Klassenlehrer den neuen Plan auf.

b) Früher ____________ (erschrecken) mich meine Mutter häufig, wenn sie sagte: „In diesem Jahr fällt Weihnachten aus." Gestern ____________ (erschrecken) ich, weil es nur noch eine Woche bis zum Fest ist und ich noch keine Geschenke gekauft habe.

c) Das Glück der Krieger ____________ (wenden) sich, und der König ____________ (wenden) sich an sie, um ihnen Mut zuzusprechen.

4

Stefan erzählt von dem Unfall seines Mitschülers Benni. Füge das Partizip Perfekt ein.

Gestern habe ich einen Unfall ____________ **(erleben)**. Ich bin gerade über den Zebrastreifen bei der Schule ____________ **(laufen)**, als ein Radfahrer herangerast kam. Ich bin schnell ____________ ____________ **(zurückspringen)**, aber Benni hat das Rad nicht so schnell ____________ **(sehen)**.

5

Unterstreiche alle Prädikate (Satzaussagen), die im Perfekt stehen.

Mir sitzt jetzt noch der Schreck in den Knochen. Denn glücklicherweise hat der Radfahrer noch gebremst. Benni ist zwar hingefallen, aber er hat nur einen Stoß an seiner Schulter abbekommen. Der Radler ist dann weggerannt und hat sein Rad liegen gelassen. Kurze Zeit später ist die Polizei eingetroffen und hat den Vorgang zu Protokoll genommen. Ich bin wirklich froh, dass die Sache so gut ausgegangen ist.

6

Bilde das Perfekt

a) **schreiben** ich ____________ ____________

b) **gehen** du ____________ ____________

c) **lachen** sie ____________ ____________ (3. Pers. Plur.)

d) **steigen** wir ____________ ____________

e) **rufen** ihr ____________ ____________

f) **fahren** sie ____________ ____________ (3. Pers. Sing.)

Checkliste: Verben

Um Verben sprachlich richtig einsetzen zu können, solltest du nochmal kontrollieren, ob du das folgende Wissen beherrschst.

1. Es gibt drei Arten von Verben: ☐
   - Die Vollverben können für sich allein stehen.
   - Hilfsverben werden benötigt, um die Zeiten zu bilden
   - Modalverben geben dem Vollverb eine zusätzliche Bedeutung.

2. Jedes Verb hat drei Stammformen: Infinitiv, Präteritumstamm und Partizip Perfekt. ☐

3. Bei den Personalformen unterscheidet man die 1., 2. und 3. Person Singular und die 1., 2. und 3. Person Plural. ☐

4. Du unterscheidest bei den Vollverben drei Konjugationen: ☐
   - starke Verben verändern in den drei Stammformen den Vokal
     klingen – klang – geklungen
   - bei den schwachen Verben bleibt er gleich
     toben – tobte – getobt
   - unregelmäßige Verben ändern den Stammvokal und bilden das Partizip Perfekt mit der Vorsilbe ge-
     brechen – brach – gebrochen

5. Die Bildung der Zeiten bezeichnet man als Tempus. ☐
   Dabei leitet sich das
   - Präsens vom Infinitiv ab,
   - das Präteritum vom Präteritumstamm und
   - das Perfekt wird mit einer Form von *sein* oder *haben* mit dem Partizip Perfekt gebildet.

1

Ziehe die richtigen Verbindungsstriche zwischen den Personalformen.

1. Pers. Sing.	ihr hört
2. Pers. Sing.	wir sprechen
3. Pers. Sing.	ich rate
1. Pers. Plural	du lobst
2. Pers. Plural	sie lachen
3. Pers. Plural	er schreit

Punkte: max. 6

2

Ergänze die Stammformen.

Infinitiv	Präteritum	Partizip Perfekt
klauen		
	stahl	
		entwendet

Punkte: max. 6

3

Suche die schwachen, die starken und die unregelmäßigen Verben aus dem Text heraus. Unterstreiche sie mit unterschiedlichen Farben.

Mein Vater hat ein paar merkwürdige Gewohnheiten. Morgens denkt er sich unter der Dusche immer Witze aus. Wenn er sie dann am Frühstückstisch erzählt, finden wir sie nicht immer komisch. Dann ist er sauer und holt die Zeitung hervor. Meistens liest er dann etwas Lustiges vor, und wenn wir dann darüber lachen, bekommt er wieder gute Laune. Dann verlässt er pfeifend das Haus.

Punkte: max. 8

4

Schreibe nun die Geschichte im Präteritum in dein Trainingsheft.

Punkte: max. 10

5

Unterstreiche die Perfektformen.

1. Wir haben uns gerade eine Pizza warm gemacht, weil wir so großen Hunger haben.
2. Meine Katze hat eine Wunde am Fuß, weil sie in einen Dorn getreten ist. Sie hat sich aber sehr gewehrt, als ich ihn herausziehen wollte.
3. Mein Vater hat erst nicht geglaubt, dass ich heute zwei Tore geschossen habe. Aber jetzt ist er stolz auf mich.

Punkte: max. 5

Gib dir für jede richtige Antwort einen Punkt.

Du kannst maximal 35 Punkte erreichen.

Gesamtpunkte: max. 35

30 – 35 Punkte: Bravo, das hast du schon sehr gut gemacht!

20 – 29 Punkte: Nicht schlecht, aber wenn du noch etwas übst, wirst du noch besser!

0 – 19 Punkte: Du bist bei den Verben noch nicht so sicher. Wiederhole das Kapitel!

3 Satzarten

Wenn du einen Satz formulierst, kannst du unterschiedliche Absichten damit verbinden. In einem Gespräch drückst du mit deiner Stimme aus, wie du etwas meinst, in einem geschriebenen Text werden diese Absichten durch die entsprechende Zeichensetzung gekennzeichnet.

Du kannst drei verschiedene Arten von Sätzen unterscheiden:

- In einem **Aussagesatz** wird eine Feststellung getroffen. Er endet mit einem Punkt.
  Beispiel: Dein Freund Stefan hat angerufen.
- In einem **Fragesatz** wird eine Frage gestellt und am Schluss ein Fragezeichen gesetzt.
  Beispiel: Kommt er dich heute noch besuchen?
- In einem **Ausrufe- oder Aufforderungssatz** wird entweder einer Stimmung Ausdruck gegeben oder eine Bitte, ein Befehl oder eine Anweisung erteilt. Daher steht am Ende ein Ausrufezeichen.
  Beispiel: Macht jetzt bitte den Computer aus! Ich finde, ihr habt genug gespielt!

1

Ich esse ganz gerne einen Döner. Formuliere diesen Aussagesatz zu den angegebenen Satzarten um. Dabei kannst du den Satz ruhig auch etwas verändern.

a) Fragesatz: ______________________________

b) Aufforderungssatz: ______________________________

c) Ausrufesatz: ______________________________

2

Welche Absichten haben diese Kinder mit dem, was sie sagen? Trage die entsprechenden Namen in das Raster ein.

Aussage	Frage	Aufforderung	Ausruf

Rafael: Hast du Angst vor der Mathearbeit?

Leila: Mir ist schon ganz schlecht.

Nele: Schreib dir doch einfach einen Spickzettel!

Tufan: So ein Blödsinn, du fällst nur rein!

3

Setze im folgenden Text alle Satzzeichen.

Beim letzten Klassenausflug besuchte die 5c mit ihrer Klassenlehrerin den Zoo „Wir schauen uns zuerst gemeinsam die Fütterung der Delfine an Habt ihr Lust dazu “, fragte Frau Seibold Die meisten Kinder waren einverstanden „Und dann gehen wir zu einer Vorführung bei den Elefanten “ „Aber wir wollen unbedingt die Eisbären sehen “, riefen Andreas und Steffi „Das ist kein Problem“, meinte Frau Seibold „Ihr sollt euch sowieso eine Tierart aussuchen und später darüber Informationen sammeln “

Steffi und Andreas beobachteten lange das Eisbärenpaar mit seinem Jungen „Sind die nicht goldig “, sagte Steffi zu Andreas „Du bist vielleicht lustig “ erwiderte er „Die Eisbären gehören zu den gefährlichsten Raubtieren auf der Erde Ein Schlag mit der Tatze reicht, um einen Menschen zu töten “ Jetzt war Steffi froh über das hohe Gitter und den tiefen Graben zwischen den Eisbären und ihr

4 Die Satzglieder

So wie bei einem Zug Lokomotive oder Triebwagen, Personen- und Güterwaggons unterschiedliche Aufgaben haben, erfüllen die Bestandteile eines Satzes (Satzglieder) unterschiedliche Aufgaben für dessen Bedeutung.

4.1 Subjekt und Prädikat

Ein **Satzglied** kann aus einzelnen Wörtern oder Wortgruppen bestehen. Um herauszufinden, welche Satzglieder für das Verständnis des Satzes notwendig sind, wendest du die **Weglassprobe** an: Dabei kannst du alle Satzglieder, die für einen grammatisch vollständigen Satz nicht notwendig sind, streichen.

Beispiel: Das ~~kleine~~ Kind ~~von gegenüber~~ weint ~~gerade bitterlich~~.
Das Kind weint.

Um herauszufinden, welche Wörter innerhalb eines Satzes zu einem Satzglied gehören, machst du die **Umstellprobe**: Die Teile, die du zwar an andere Stellen verschieben kannst, die aber zusammenbleiben müssen, damit der Satz weiterhin vollständig und sinnvoll ist, sind die Satzglieder.

Beispiel: In einer Woche kommt meine Oma.
Meine Oma / kommt / in einer Woche.

Ein vollständiger, einfacher Satz enthält mindestens die Satzteile **Subjekt** (Satzgegenstand) und **Prädikat** (Satzaussage).

Beispiel: Thomas schläft.

Das **Subjekt** bestimmt den Ausgangspunkt einer Handlung oder eines Vorgangs. Es kann aus einem **Eigennamen**, einem **Nomen** mit den dazu gehörenden Wörtern (Beifügungen) oder einem **Pronomen** bestehen. Es steht immer im Nominativ (1. Fall).
Du erkennst es, indem du die Frage stellst: „Wer oder was tut hier etwas?“

Beispiel: **Er** schläft. **Der Hund** bellt. **Das kleine Kind** weint.

Das **Prädikat** ist der wichtigste Teil des Satzes. Es benennt einen Vorgang, eine Handlung oder einen Zustand. Das Prädikat besteht immer aus einem Verb in konjugierter Form, also der **Personalform**, oder einer Verbgruppe (mehrteiliges Prädikat).
Du erkennst es, indem du die Frage stellst: „Was tut das Subjekt?", „Was geschieht mit dem Subjekt?"
Beispiel: Er **schläft**. Der Hund **hat gebellt**. Sie **kann nicht antworten.**

1

Welches Prädikat passt zu welchem Subjekt?
Verbinde die passenden Satzteile.

a) Der Topf	säubert sich.
b) Die Katze	kocht über.
c) Die Klasse	glänzt.
d) Die Milch	ärgert sich.
e) Tina	dröhnt.
f) Der Lautsprecher	freut sich.

2

Mache bei folgenden Sätzen die Umstellprobe.

a) Die Schüler warten in der Aula.

____

b) Täglich kommt der Postbote.

____

c) Im Park blühen die Krokusse.

____

d) Es regnet seit Stunden.

____

3

Unterstreiche Subjekt und Prädikat mit unterschiedlichen Farben.

An der Tafel

Die arme Tina schwitzt. Der strenge Lehrer fragt. Die Schülerin wundert sich. Der Knoten platzt. Die Klasse klatscht. Die erleichterte Tina atmet auf. Sie setzt sich.

4

Suche in den folgenden Sätzen mithilfe der Fragestellung jeweils das Subjekt und das Prädikat. Schreibe die Satzglieder auf.

a) Endlich hat Tina es geschafft.

Wer oder was? ______ Was geschieht? ______

b) An der Tafel verschwinden die Vokabeln nämlich oft aus ihrem Kopf.

Wer oder was? ______ Was geschieht? ______

c) Die Matheaufgaben erfüllen sie mit Schrecken.

Wer oder was? ______ Was geschieht? ______

d) Das Gedicht kann sie nicht vortragen.

Wer oder was? ______ Was geschieht? ______

e) Aber heute hatte sie Glück.

Wer oder was? ______ Was geschieht? ______

4.2 Das Objekt

Subjekt und Prädikat sind die notwendigen Bestandteile eines Satzes. Aber viele Prädikate ergeben ohne eine Ergänzung keinen Sinn.

Beispiel: Die Katze beobachtet. (Wen oder was beobachtet sie?)
Pia öffnet. (Was öffnet sie?)

Eine solche Satzergänzung bezeichnet man als **Objekt**. Es gibt an, auf wen oder was sich eine Handlung bezieht oder wem sie gilt.

Ein Objekt, das du mit der Frage **„Wen?"** oder **„Was?"** erfragen kannst, nennt man **Akkusativobjekt**.

Beispiel: Die Katze beobachtet **den Vogel**. (**Wen** beobachtet sie?)
Pia öffnet **die Tür**. (**Was** öffnet sie?)

Ein Objekt, das du mit der Frage **„Wem?** (gilt die Handlung)" erfragen kannst, nennt man **Dativobjekt**.

Beispiel: Pia schreibt **ihrer Freundin.** (**Wem** schreibt sie?)

In seltenen Fällen gibt es auch ein **Genitivobjekt**, allerdings gehört es zu einer altertümlichen Sprache und wird heute nur noch selten gebraucht. Du fragst danach mit **„Wessen?"**

Beispiel: Er erfreut sich **bester Gesundheit**. (**Wessen** erfreut er sich?)
Ich bedarf **deiner Hilfe.** (**Wessen** bedarf ich?)

1

In jedem der folgenden Sätze gibt es ein Akkusativobjekt. Suche es heraus und schreibe es auf.

a) Der Vater schiebt die DVD in das Abspielgerät.

Wen oder was schiebt der Vater in das Abspielgerät? ______________________

b) Auf dem Bildschirm sieht man eine Anzeige.

Wen oder was sieht man? ______________________

c) Für Jugendliche unter 16 Jahren wird dieser Film nicht empfohlen.

Für wen oder was? ______________________

d) Der Vater sagt: „Schade, dieser Film ist nichts für euch!"

Für wen oder was? ______

e) Aber Mellie und Moritz bitten ihn: „Lass uns doch diesen Film sehen!"

Wen oder was? ______ Wen oder was? ______

f) Aber ihr Vater hat eine bessere Idee.

Wen oder was? ______

g) „Wir nehmen das Auto und fahren in den Freizeitpark."

Wen oder was? ______

2

Bilde aus diesen Satzteilen sinnvolle Sätze.

a) die Tür öffnet Markus seinem Vater

______

b) ihrer Freundin Lisa ein Buch schenkt

______

c) Herr Klein gute Noten seinen Schülern gibt

______

d) erzählt ihrer Mutter Theresa ein Geheimnis

______

3

Füge die passenden Dativobjekte ein und achte auf die Endungen.

ihre beste Freundin – der Taucher – die müden Schüler – der Verletzte

a) Die Antwort fällt ______ nicht ein.

b) Sie dankte ______ für den Anruf.

c) Der Sanitäter half ______ aus dem Wagen.

d) Der Schnorchel dient ______ zum Atmen.

4.3 Die adverbiale Bestimmung

Ebenso wie Subjekt, Prädikat und Objekt ist auch die **adverbiale Bestimmung** (Umstandsbestimmung) ein Satzglied. Mit ihrer Hilfe kannst du nähere Angaben über die Umstände eines Geschehens oder einer Handlung machen. Adverbiale Bestimmungen können ein einzelnes Wort, aber auch eine Wortgruppe sein.

Über folgende Umstände eines Geschehens oder einer Handlung können adverbiale Bestimmungen genauer Auskunft geben:

Zeit/Dauer Du fragst: **Wann? Wie lange** geschieht etwas?
Beispiel: **Am Abend** schreibt Pia einen Brief.

Ort/Richtung Du fragst: **Wo** geschieht etwas? **Wohin** geht jemand?
Beispiel: Der Vogel hüpft **auf der Terrasse** umher.

Art und Weise Du fragst: **Wie** geschieht etwas?
Beispiel: Der Hund bellt **laut**.

Grund Du fragst: **Warum** geschieht etwas?
Beispiel: **Wegen meines Gipsbeins** kann ich nicht rennen.

Zweck Du fragst: **Wozu** geschieht etwas?
Beispiel: **Zur Verbesserung der Noten** übten wir fleißig.

Mittel Du fragst: **Womit** geschieht etwas?
Beispiel: Man isst Spaghetti **mit Löffel und Gabel**.

1

Unterstreiche in den folgenden Sätzen die Antworten auf diese Fragen.
a) Wann war die Familie in Barcelona?
b) Wo geht das Leben dort erst richtig los?
c) Wie schauen die Kinder den Darbietungen zu?

In den Osterferien waren Tina und Kai mit ihren Eltern in Barcelona. Abends geht mitten in der Stadt das Leben erst richtig los! Begeistert schauen die Kinder einem bunten Treiben zu.

2

Nach welchen adverbialen Bestimmungen wird in Aufgabe 1 jeweils gefragt?

a) ______________________________

b) ______________________________

c) ______________________________

3

Unterstreiche im folgenden Text die adverbialen Bestimmungen der Zeit rot, des Ortes blau und der Art und Weise grün.

Innerhalb eines großen Menschenkreises steht ein Feuerschlucker. Jetzt saugt er die Flamme tief in seinen Mund, und Tina stöhnt laut auf.
Ein Jongleur wirbelt geschickt Tassen, Teller und Besteck in der Luft herum. Auf einer Staffelei zeichnet ein Maler in Windeseile das Porträt eines Passanten. Plötzlich ertönt lautes Gelächter: Ein junger Mann stolziert mit wackelndem Schritt einer dicken Dame hinterher, die davon nichts bemerkt. „So eine Gemeinheit!", denkt sich Tina ärgerlich.

4

Unterstreiche jetzt die adverbialen Bestimmungen des Grundes rot, des Mittels blau und des Zwecks grün.

Wegen des langen, heißen Sommers kann sich Kerstin nun richtig auf den Herbst und Winter freuen. Sie hat sich schon Gedanken zur Vorbereitung von Halloween gemacht. Zuerst wird sie sich mithilfe einer Maske und einer Perücke schauerlich verkleiden. Mit dieser Erscheinung wird sie zunächst ihre kleinen Geschwister ordentlich erschrecken und später mit ihren Freunden durch die Nachbarschaft ziehen. Wegen ihres Furcht erregenden Aussehens werden sie sicherlich genug Schokoriegel und Kaugummi einsammeln. Zur Steigerung der Wirkung werden sie noch Kerzen mit sich tragen.

Checkliste: Satzarten und Satzglieder

Um Satzarten unterscheiden und Satzglieder bestimmen zu können, solltest du kontrollieren, ob du das folgende Grundwissen beherrschst.

1. Mit Sätzen kann man unterschiedliche Absichten verfolgen. Das drückt sich in den Formen Aussagesatz, Fragesatz, Aufforderungs- und Ausrufesatz aus. ☐

2. Jeder Satz enthält mindestens die Satzteile Subjekt und Prädikat. ☐

3. Das Subjekt beantwortet die Frage „Wer oder was tut etwas?“ Es steht immer im Nominativ. ☐

4. Das Prädikat gibt Auskunft darüber, was geschieht. ☐

5. Mithilfe von Dativ- und Akkusativobjekt wird Auskunft darüber gegeben, auf wen oder was sich eine Handlung bezieht oder wem sie gilt. Mit der Frage „wen?“ oder „was?“ erfragst du ein Akkusativobjekt, mit der Frage „wem?“ ein Dativobjekt. ☐

6. Adverbiale Bestimmungen kennzeichnen, unter welchen Umständen ein Geschehen oder eine Handlung stattfindet. ☐

7. Die adverbiale Bestimmung des Ortes antwortet auf die Frage „wo?“ oder „wohin?“ und die adverbiale Bestimmung der Zeit auf die Frage „wann?“ ☐

8. Um die adverbiale Bestimmungder Art und Weise zu ermitteln, suchst du nach der Antwort auf die Frage „wie?“ und die adverbiale Bestimmung des Grundes findest du mit der Frage „warum?“. ☐

9. Eine adverbiale Bestimmung des Mittels lässt sich mit der Frage „womit?“ herausfinden und die adverbiale Bestimmung des Zwecks antwortet auf die Frage „wozu?“ ☐

1

Unterstreiche Subjekt und Prädikat mit unterschiedlichen Farben.

An der Kinokasse steht eine lange Menschenschlange. Ein kleines Mädchen hüpft ungeduldig hin und her. „Wann kommen wir endlich rein?" Ihre Mutter bittet sie genervt um Geduld. Endlich stehen die beiden vor dem Verkäufer.

Punkte: ____ max. 10

2

Füge die fehlenden Akkusativobjekte mit blauem Stift und die Dativobjekte mit rotem Stift ein.

Aber sie haben ______________________ (großes Pech).

Gerade hat er ______________________________________ (letzte Karte) ______________________________________ (eine ältere Dame) verkauft.

Das kleine Mädchen bricht in ______________________ (Träne) aus.

Aber dann wird die Mutter von ______________________________________ (ein junger Mann) angesprochen.

„Meine beiden Freunde haben mich gerade angerufen, weil sie nicht kommen können. Ich würde gerne ______________________ (zwei Karten) verkaufen."

Dankbar gibt die Mutter ____________________________ (netter Mann) ______________________ (das Geld).

Punkte: ____ max. 8

3

Die unterstrichenen Satzteile sind entweder Dativ- oder Akkusativobjekte. Überlege genau und füge dann **DO** für Dativobjekt oder **AO** für Akkusativobjekt in die Klammer ein.

Eine beinahe missglückte Geburtstagsfeier

Steffis Vater wollte <u>seiner Tochter</u> (______) <u>einen Kuchen</u> (______) backen.

Es war sein erster Versuch, aber er ist <u>ihm</u> (______) nicht geglückt. Nach einer Stunde entnimmt er <u>dem Backofen</u> (______) <u>ein schwarzes, formloses Gebilde</u>

(______). Vielleicht schmeckt den Gästen (______) eine Torte vom Supermarkt (______)? Aber dieser Rettungsversuch gelingt Steffis Vater (______) auch nicht. Er will sie (______) den Kindern (______) servieren, aber dabei rutscht sie ihm (______) vom Teller. Platsch! Den Gästen (______) wäre beinahe der Appetit vergangen. Da fällt dem Vater (______) etwas ein.

„Steffi, such mir (______) bitte die Pizzaservice-Telefonnummer (______) heraus!"

Bald hört man den Lieferanten (______) an der Tür klingeln. Er übergibt Steffis Vater (______) einen ziemlich großen Karton (______). Ein herrlicher Duft steigt aus ihm (______) empor. Und den Kindern (______) schmeckt die Riesenpizza prima. Sie gratulieren ihrer Freundin (______) zu ihrem einfallsreichen Vater.

Punkte: max. 21

4

Unterstreiche die adverbialen Bestimmungen und schreibe sie anschließend mit ihrer richtigen Bezeichnung in dein Trainingsheft.

Im Kino hat sich in der Zwischenzeit die ältere Dame zum Popcorn-Tresen begeben. Energisch drängt sie sich nach vorne. Bald hält sie eine Supertüte süßes Popcorn im Arm. Plötzlich stößt unglücklicherweise ein Mann gegen ihre Schulter. Hunderte von Popcornbällchen hüpfen auf den Boden. Wegen dieses Ärgernisses fängst sie an zu schimpfen. Aber der Mann hat zu ihrer Beruhigung schon einen Besen besorgt. Mit dem ist das Unglück schnell beseitigt.

Punkte: max. 14

Überprüfe nun deine Antworten im Lösungsteil und gib dir für jede richtige Antwort einen Punkt. **Du kannst maximal 53 Punkte erreichen.**

Gesamtpunkte: max. 53

44 – 53 Punkte: Bravo, das hast du schon sehr gut gemacht!

21 – 43 Punkte: Nicht schlecht, aber wenn du noch etwas mehr mit Satzgliedern beschäftigst, wird dein Ergebnis noch besser!

0 – 20 Punkte: Wiederhole am besten das Kapitel oder einzelne Abschnitte!

5 Die Zeichensetzung

Beim Sprechen können wir mit unserem Gesichtsausdruck, unseren Handbewegungen und unserer Stimme verdeutlichen, wie etwas gemeint ist. Beim Schreiben oder Lesen eines Textes haben wir diese Möglichkeiten nicht. Stattdessen zeigen uns hier **Satzzeichen**, wie etwas gesagt wird und wer etwas sagt.

1. **Die Satzschlusszeichen**
   - **Punkt, Fragezeichen** und **Ausrufezeichen** schließen Aussagesätze, Fragesätze, Ausrufe bzw. Bitten oder Befehle ab.
   Beispiel: Ich komme morgen**.** Holst du mich ab**?** Vergiss es nicht**!**

2. **Die Satzzeichen rund um die wörtliche Rede**
   Die wörtliche Rede macht einen Text lebendig und anschaulich. Sie wird durch einen **Doppelpunkt** angekündigt. Damit man das, was eine Person sagt, von dem unterscheiden kann, was der Autor oder die Autorin schreibt, setzt man die wörtliche Rede in **Anführungszeichen**. Am Satzanfang steht das Anführungszeichen unten, am Ende oben.
   Beispiel: Sie sagte**:** **„**Da hast du aber Glück gehabt!**"**

   Wenn der Satz nach einer wörtlichen Rede weitergeht, setzt du ein **Komma**.
   Beispiel: „Da haben wir aber Glück gehabt"**,** sagte sie.

   Unterbricht ein **Begleitsatz** die wörtliche Rede, wird er in zwei Kommas eingeschlossen.
   Beispiel: „Ich hätte nicht gedacht"**,** sagte Herr Meister**,** „dass du so viel Mut hast."

3. **Das Komma bei Aufzählungen**
   Wenn du bei einer **Aufzählung** mehrere gleichrangige Wörter nennst, trennst du sie mit einem Komma voneinander ab.
   Beispiel: Laute**,** schrille Musik drang aus dem Keller.

   Wenn du die Aufzählung durch die Konjunktionen **„und"** oder **„oder"** verbindest, setzt du kein Komma.
   Beispiel: Laute und schrille Musik drang aus dem Keller.
   Er träumte oder spielte zu viel.

1

Lies das folgende Gespräch zwischen Lisa und Carla genau durch.
Nimm einen Stift und setze

a) zuerst alle Anführungszeichen.

b) Unterstreiche dann die Begleitsätze und füge die entsprechenden Satzzeichen (Doppelpunkt, Komma oder Schlusszeichen) ein.

Lisa sagte Warum müssen wir schon wieder nach Hause gehen? Es gibt doch noch so viele interessante Sachen zu sehen! Weil es gleich zwölf ist und weil wir deinetwegen nicht das Mittagessen verpassen wollen lachte Clara. Sie fügte hinzu Wir können ja heute Nachmittag noch einmal hierher kommen. Aber wenn wir wiederkommen antwortete Lisa dann müssen wir unbedingt zu dem Andenkenladen am Marktplatz gehen. Ich habe da nämlich ein süßes Geschenk für meine kleine Schwester gesehen. Wer denkt denn jetzt schon an Mitbringsel? rief Clara. Du wirst sehen erwiderte Lisa dass die Woche ganz schnell vorbei ist. Plötzlich blieb Clara stehen. Wir dürfen nicht vergessen sagte sie leise und sah sich nach den anderen um dass wir zum Abschluss ein richtig großes Überraschungs-Abschiedsfest feiern wollen. Na prima! flüsterte Lisa ihr zu dann besorgen wir heute gleich die Dekoration dafür.

2

Setze die fehlenden Satzzeichen und füge geeignete Wörter ein.

a) Es regnete blitzte ______________ donnerte.

b) Bei der Feier gab es Apfelsaft Orangensaft ______________ Wasser.

c) Wir räumten auf machten die Betten ______________ fegten den Boden.

d) Im Urlaub will sie faulenzen Bücher lesen im Meer schwimmen ______________ vielleicht noch tauchen lernen.

3

Setze die fehlenden Kommas.

Nach einem langen heißen Sommer freut sich Kerstin nun auf den Herbst und auf den Winter. Zu Halloween wird sie mit Kathi Mareike und Hannes in der Nachbarschaft von Tür zu Tür gehen. Sie haben sich dann als Geister Gespenster oder Gehängte schauerlich verkleidet. Und natürlich hoffen sie auf allerlei Gaben: Schokoriegel oder Kaugummi Gummibärchen oder Lakritze. Später beginnt dann die hoffentlich ruhige gemütliche Adventszeit. Sie wird ihrer Mutter beim Plätzchen backen Kerzenziehen und Auswählen der Geschenke helfen. Schließlich kann man sich dann auch auf die Ferien den Heiligen Abend und die Weihnachtstage freuen. Ihre Wunschliste ist schon lang: Ein Computerspiel ein neuer Schulrucksack und ein Tagebuch stehen dort ganz oben.

Checkliste: Die Zeichensetzung

Um im Umgang mit der Zeichensetzung sicher zu sein, solltest du folgende Punkte abhaken können:

1. Am Ende eines Satzes steht **immer** ein Satzschlusszeichen. ☐
2. Nach einer Aussage setzt du einen Punkt. ☐
3. Nach einer Frage steht ein Fragezeichen. Du erkennst den Fragesatz an der Satzstellung. ☐
4. Nach einem Ausruf oder einer Bitte/einem Befehl steht ein Ausrufezeichen. ☐
5. Die wörtliche Rede wird in Anführungszeichen eingeschlossen. Dabei stehen die Anführungszeichen unten, die Schlusszeichen oben. ☐
6. Steht ein Begleitsatz **vor** der wörtlichen Rede, dann setzt du einen **Doppelpunkt** vor das Anführungszeichen. ☐
7. Steht der Begleitsatz **nach** der wörtlichen Rede, dann setzt du ein **Komma** nach dem Schlusszeichen. ☐
8. Unterbricht der Begleitsatz die wörtliche Rede, dann steht je ein Komma davor und danach. ☐
9. Bei Aufzählungen setzt du Kommas. ☐
10. Wenn du die Aufzählung durch die Konjunktionen *und, oder, aber* verbindest, setzt du kein Komma. ☐

1

Setze im folgenden Text sämtliche Satzschlusszeichen und alle Satzzeichen rund um die wörtliche Rede.

Gregor hat ein Problem Er hat kein Taschengeld mehr Es ist zwar erst der zehnte Mai, aber er hat alles schon vorher ausgegeben Jetzt geht er zu seiner Schwester Anna und fragt Könntest du mir etwas Geld leihen Wieso fragt Anna zurück brauchst du Geld Es hat doch erst neulich Taschengeld gegeben Ich musste doch noch das Muttertagsgeschenk kaufen antwortet er Also gut, ich gebe dir bis zum nächsten Monat etwas, und du übernimmst dafür meinen Küchendienst willigt Anna ein Zähneknirschend stimmt Gregor zu und macht sich an den Abwasch.

Punkte: max. 24

2

Setze die fehlenden Kommas ein.

Vor dem Kinosaal haben sich nun viele erwartungsvolle ungeduldige Kinder versammelt. Sie müssen noch Ruhe und Geduld bewahren. Endlich öffnet sich die Tür, und die Kinder drängeln schubsen und zwängen sich auf die Plätze. Aber erst müssen sie noch viele langweilige Werbespots über sich ergehen lassen. Dann ertönt der lang erwartete sanfte Gong. Die dunklere Beleuchtung der sich öffnende Vorhang und die Titelmelodie kündigen den Beginn des Films an.

Punkte: max. 4

Gesamtpunkte: max. 28

Für jede richtige Antwort gibt es einen Punkt, **maximal 28 Punkte**.

26 – 28 Punkte: Toll, die Zeichensetzung macht dir keine Probleme!

11 – 25 Punkte: Gutes Ergebnis, aber du kannst dich noch verbessern!

0 – 10 Punkte: Wiederhole die Zeichensetzung nochmal.

Verfassen von Texten

1 Erzählen

Geschichten zu erzählen gehört zu den ältesten Beschäftigungen der Menschen. Manchmal wird dabei eine Begebenheit aus der Vergangenheit in die Gegenwart geholt, manchmal wird auch etwas Erfundenes mitgeteilt.

1.1 Die Erlebniserzählung

Mit einer Erlebniserzählung möchtest du einen Leser oder Zuhörer an einem **Geschehen** teilhaben lassen, das du selbst erlebt hast.
Nicht nur das, was passiert ist, also das Geschehen, soll zum Ausdruck kommen, sondern auch deine **Gefühle** und **Gedanken**.
Wie alle Erzählungen schreibst du auch die Erlebniserzählung im **Präteritum** (Vergangenheitsform).

1. Die **Einleitung** führt den Leser in die Geschichte hinein und soll ihn neugierig machen. Das kannst du erreichen, indem du die Stimmung und den Ort des Geschehens beschreibst oder indem du andeutest, dass etwas Ungewöhnliches passieren wird.
2. Im **Hauptteil** führst du das eigentliche Geschehen in Einzelheiten aus. Dabei fügst du die einzelnen Handlungsabschnitte so aneinander, dass sich eine **Steigerung** zu einem **Höhepunkt** ergibt.
3. Wenn der **Schluss** gut gelungen ist, rundet er die Erzählung ab. Dafür hast du verschiedene Möglichkeiten: Du beendest deine Erzählung mit einer Überraschung oder mit dem Gedanken, was die Beteiligten wohl aus dieser Geschichte gelernt haben. Möglich ist auch eine Schlussbemerkung, die zum Nachdenken oder zum Lachen anregt.

Damit sich die Leser nicht langweilen, sollte die Erzählung lebendig, interessant und spannend sein. Um anschaulich zu erzählen, verwendest du **ausdrucksstarke Verben** und **Adjektive**, sodass man sich das Geschehen gut vorstellen kann. Wenn du die **wörtliche Rede** einsetzt, macht das deine Erzählung ebenfalls lebendig.

1

Zu dem Thema „So ein Pech!" fallen Mareike folgende Ereignisse ein. Welche kann sie zu einer Erlebniserzählung verwenden?

a) Sie wurde letztes Jahr von einem Auto angefahren und musste mehrere Wochen im Krankenhaus verbringen.
b) Auf einer Geschäftsreise hat ihre Mutter ihren Laptop verloren und konnte viele Aufträge nicht annehmen.
c) Für ein Referat hat sie aus der Bücherei ein Buch ausgeliehen und sich wertvolle Notizen herausgeschrieben. Leider hat sie diese Seiten im Buch gelassen, als sie es zurückgegeben hat.

2

Matthias hat zu dem gleichen Thema eine Erlebniserzählung geschrieben. Lies den Beginn und überlege dir, womit er das Interesse des Lesers weckt.

So ein Pech!
Normalerweise ist mein Schulweg nicht sehr ereignisreich. Es gibt viele langweilige Reihenhäuser und noch mehr langweilige Parkplätze. Aber gestern ist mir etwas passiert, was gar nicht langweilig, aber auch ziemlich dumm war.

3

a) Unterscheide in der Fortsetzung der Erzählung vier verschiedene Erzählschritte und schreibe sie auf.

b) Unterstreiche die Zeilen mit dem Höhepunkt.

Dass die Kleinschroths umziehen würden, wusste ich, und ich wunderte mich nicht, dass ein riesiger Berg von Sperrmüll sich vor ihrem Haus türmte. Was da nicht alles dabei war! Ein kleines Aquarium, das noch völlig in Ordnung zu sein schien! Ein Mikroskop, bei dem nur ein paar Schrauben fehlten, und vor allem ein ganzer Stapel alter Micky-Maus-Hefte! Kein Wunder, dass ich meinen Schulrucksack ablegte und eine Weile dort herumstöbern musste. Und Herr Kleinschroth hatte auch gar nichts dagegen, dass ich mir etwas mitnahm, was ich mir nicht zweimal sagen ließ. Und so packte ich die Heftchen und das Mikroskop in das Aquarium und rannte nach Hause.

Meine Mutter staunte nicht schlecht, als sie meine ganzen Schätze sah. „Und," fragte sie, „willst du jetzt nicht vielleicht deine Hausaufgaben machen?" Aber wo war mein Rucksack? Du lieber Gott!
Ich raste zurück zu Kleinschroths Sperrmüll: Der gesamte Bürgersteig war leer geräumt! Und das Müllauto, das gerade wegfuhr, hatte nicht nur kaputte Stühle und zerbrochene Waschbecken mitgenommen, sondern auch meinen Rucksack mit allen Schulsachen.

a)
Erzählschritt 1: Matthias stöbert in Kleinschroths Sperrmüll herum.

Erzählschritt 2: ______________________________

____

Erzählschritt 3: Zuhause ______________________________

____

____

Erzählschritt 4: ______________________________

____

____

____

4

Matthias hat seinen Text mit anschaulichen Verben und Adjektiven interessant gestaltet. Welche sind es? Suche sie heraus und schreibe sie auf.

a) ein <u>großer</u> Berg <u>lag</u> ______________________________

b) ich <u>suchte</u> herum ______________________________

c) ich <u>nahm</u> die Heftchen ______________________________

d) ich <u>ging</u> nach Hause ______________________________

e) ich <u>lief schnell</u> zurück ______________________________

5

Die Erzählung von Matthias wirkt sehr lebendig, weil der Verfasser sich mit der sprachlichen Gestaltung Mühe gegeben hat. Verwende unterschiedliche Farben und

a) unterstreiche die Ausrufesätze rot.
b) unterstreiche die wörtliche Rede blau.
c) unterstreiche die Fragen grün.

6

Zuhause entdeckt Matthias, dass das Aquarium leckt, das Mikroskop niemals funktionieren wird und alle Seiten der Micky-Maus-Hefte verklebt sind. Formuliere den Schluss der Geschichte in dein Trainingsheft.

1.2 Fantasieerzählung und Reizwortgeschichte

Die Grundregeln der Erlebnisgeschichte gelten auch für andere Formen der Erzählung.

1. Die **Fantasieerzählung** handelt von einer unmöglichen Begebenheit, die in der Wirklichkeit nicht stattfinden kann. Obwohl sie Unwahrscheinliches zum Inhalt hat, wird die Fantasiegeschichte so erzählt, als sei diese Unmöglichkeit normal.
   Du darfst zwar deiner Fantasie freien Lauf lassen, aber deine Erzählung muss trotz aller Widersinnigkeiten **stimmig** und **nachvollziehbar** sein.
   In der (kurzen) **Einleitung** gehst du von einer realistischen Situation aus.
   Im **Hauptteil** baust du die fantastischen Ereignisse so auf, dass sie sich steigern und im **Höhepunkt** auf die Spitze getrieben werden.
   Beim **Schluss** kehrst du wieder in das Reich der Wirklichkeit zurück.

2. Auch bei einer **Reizwortgeschichte** setzt du deine Fantasie ein. Aus den Begriffen, die dir vorgelegt werden, entwickelst du einen **zusammenhängenden Handlungsablauf**.
   Wie bei allen anderen Erzählformen gibt es eine Einleitung, einen Hauptteil mit sich steigernden Erzählschritten und einen Schluss. Achte darauf, dass die vorgegebenen Begriffe in deiner Geschichte **wörtlich** wiederkehren.

1

Lies die Einleitung zu folgender Fantasieerzählung durch und überlege dir, wie die Erzählung weitergehen könnte.

Das unverschämte Handy

Meine Mutter war sehr froh, als ihr mein Vater am Heiligen Abend ein neues Handy schenkte. Sie wollte schon immer ein Fotohandy haben und hat ihrer besten Freundin gleich ein Bild von unserem schön geschmückten Weihnachtsbaum geschickt. Sie war so begeistert über ihren neuen Besitz, dass sie ihr Handy abends auf ihren Nachttisch legte.

2

Bringe die drei Abschnitte des Hauptteils in die richtige Reihenfolge.

a)
Meine Mutter war ziemlich blass, als sie mir das Handy gab und mich bat, die SMS „Fröhliche und friedliche Weihnachten, liebe Schwester" an meine Tante Maria zu schicken. Das tat ich auch, aber es dauerte nicht lange, bis meine Tante zurückrief.
„Was hast du dir denn dabei gedacht?", rief sie ins Telefon. „Gerade habe ich eine SMS bekommen mit der Nachricht „Fürchterliche, frostige und freudlose Weihnachten, du schwierige Schwester!"

b)
Am Weihnachtsmorgen wurde sie von einem schrillen Ton geweckt. „Aufstehen, gnädige Frau!", schrie das Handy neben ihrem Bett. „Die Kinder müssen zur Schule, das Frühstück muss gemacht werden! Also los!" Erschrocken klappte meine Mutter das Handy auf und sah eine ärgerliche Fratze auf dem Display. Schnell schaltete sie es aus und glaubte einen bösen Traum gehabt zu haben.

c)
Später rief sie unsere Großmutter an und wollte ihr von dem gelungenen Weihnachtsabend erzählen. Aber kaum hatte sie ihr von dem Festtagsbraten vorgeschwärmt, schrie das Handy dazwischen: „Stimmt doch gar nicht, der Braten war verbrannt, das Gemüse total verkocht und für die Nachspeise hat die gnädige Frau Salz statt Zucker verwendet!"

1. ________ 2. ________ 3. ________

3

Unterstreiche die wörtliche Rede in den Texten 2 a) b) c).
Welche Aufgabe übernimmt sie für die Wirkung der Erzählung?

4

Die Geschichte über das unverschämte Handy enthält drei fantastische Begebenheiten. Fasse sie in je einem Satz zusammen.

1. ______________________________

____

2. ______________________________

____

3. ______________________________

____

5

Welcher Schlussgedanke erscheint dir sinnvoll?

a) Das Handy quält die Mutter bis zum heutigen Tag.
b) Die Mutter schenkt dem Erzähler das Handy, und seitdem ist es völlig normal.
c) Das Handy hat sich nach Weihnachten in Luft aufgelöst.

6

Wie versucht der Verfasser oder die Verfasserin im Schluss die unmöglichen Vorgänge mit der Realität zu verknüpfen?

Während der gesamten Weihnachtstage hat meine Mutter das Handy nicht mehr angerührt und meinen Vater gebeten, beim Händler überprüfen zu lassen, ob alles in Ordnung sei. Das tat er auch und wenig später wurde es uns zugeschickt.
Auf dem Reparaturbericht hieß es nur: „Chip ausgewechselt wegen unerklärlicher Verschmutzungen auf der Oberfläche.“ Nun kann sie in Ruhe telefonieren und Fotos verschicken. Nur eines kann sie noch nicht: SMS verschicken.

7

Bei welchem Thema musst du eine Erlebniserzählung (E), bei welchem eine Fantasieerzählung (F) schreiben? Kreuze an.

	E	F
a) Eine unerwartete Geburtstagsüberraschung	☐	☐
b) Mein Ausflug ins All	☐	☐
c) Die verzauberten Schuhe	☐	☐
d) Nochmal Glück gehabt!	☐	☐
e) Ein Tag auf dem Piratenschiff	☐	☐
f) Ein Besuch im Zoo	☐	☐

8

Welche Handlung passt zu einer Reizworterzählung mit den folgenden Begriffen:

Ferien *Sandburg* *Überraschung*

a) In den Ferien fuhr die Familie in die Stadt Sandburg und traf dort überraschend auf alte Freunde.
b) In den Ferien bauten die Kinder am Strand eine Sandburg. Beim Graben machten sie einen überraschenden Fund: eine Handtasche mit Schmuck und Geldbörse.
c) Überraschend hat die Familie eine Ferienreise nach Spanien gewonnen. Dort vergnügte man sich am Strand und baute Sandburgen.

1.3 Die Bildergeschichte

Bei der Bildergeschichte wird dir der Gang der Handlung **in einzelnen Abschnitten** vorgegeben. Das Geschehen, das zwischen diesen Abschnitten liegt, stellst du dir selbst vor.
Dazu gehört auch, dass du die **Gedanken, Gefühle oder vielleicht Aussagen** der dargestellten Personen in Worte fasst. Achte auch darauf, den Menschen oder Tieren einen **Namen** zu geben.

Wenn du eine Bildergeschichte schreibst, fasst du zunächst **in kurzen Sätzen** zusammen, was auf den einzelnen Bildern geschieht.
Dann entscheidest du dich, aus welcher Sicht du das Geschehen erzählen willst. Dabei kannst du die **Ich-Perspektive** wählen oder aus der Sicht eines **Beobachters** formulieren und in der **3. Person** (er/sie) schreiben.
Achte darauf, die Handlung der Bilder eindeutig der Einleitung, dem Hauptteil und dem Schluss zuzuordnen.

In der **Einleitung** beschreibst du, wie es zu der Situation auf dem ersten Bild gekommen ist, indem du auf die Fragen „Wer?", „Was?" „Wann?" und „Wo?" eingehst.

Im **Hauptteil** erzählst du nun von dem eigentlichen Geschehen. Dabei gehst du auf die **Charaktereigenschaften** der Personen ein und überlegst dir, aus welchen **Gründen** sie so handeln, wie es die Bilder zeigen.
Achte darauf, den Höhepunkt anschaulich (treffende Verben und Adjektive, wörtliche Rede) zu schildern.

Je nach dargestelltem Inhalt der Bilderfolge formulierst du im **Schluss** eine **Abrundung** des Geschehens oder einen Ausblick auf einen **möglichen Fortgang** der Geschichte.

Der falsche „Weihnachtsmann“

1 2 3 4 5 6 7 8

1

Schau dir die Bildergeschichte auf der vorhergehenden Seite genau an.

a) Welche Handlungsschritte kannst du erkennen? Schreibe sie auf.

Handlungsschritt 1: ______________________________

____

Handlungsschritt 2: ______________________________

____

Handlungsschritt 3: ______________________________

____

Handlungsschritt 4: ______________________________

____

Handlungsschritt 5: ______________________________

____

Handlungsschritt 6: ______________________________

____

Handlungsschritt 7: ______________________________

____

Handlungsschritt 8: ______________________________

____

b) Überlege dir Namen und Charaktereigenschaften der Personen und mache dir Gedanken darüber, was in ihnen vorgeht.

c) Schreibe nun die Erzählung in dein Trainingsheft.

2

Dieser Text zu der Bildergeschichte ist durcheinander geraten. Bringe die Absätze wieder in die richtige Reihenfolge.

(a) Im Megamarkt war es schrecklich voll. Überall legten die Kunden hastig Cremes und Pasten, Tuben und Wässerchen in ihre Einkaufskörbe, und an den Kassen standen lange Schlangen. Aber es gab nicht nur Kunden in dem großen Geschäft. In jedem Stockwerk stand ein Weihnachtsmann mit Rauschebart und wackelndem Kopf, der irgendwelche Fragen stellte und dann ein Geschenk verteilte.

(b) Nun waren es nur noch 10 Tage bis zum Heiligen Abend, und Lenas Mutter hatte noch längst nicht alle Geschenke besorgt. „ Kommst du mit und hilfst mir, ein paar Geschenke für Omi und Tante Margaret zu besorgen?“, fragte sie ihre Tochter. „Wir gehen in den Megamarkt, da finden wir bestimmt etwas für die beiden.“

(c) Eigentlich hatte Lena keine Lust, sich in das Weihnachtsgetümmel zu stürzen, aber im Megamarkt würde sie vielleicht ihre Mutter herumkriegen und eine Tube ihrer Lieblingszahnpasta mitnehmen dürfen, die mit dem besonders tollen Erdbeergeschmack, aber auch besonders hohem Preis. So standen sie bald vor dem Geschäft, in dem man alles für die Schönheit kaufen konnte. Schon am Eingang wurden sie von einem Weihnachtsmann begrüßt, der Lena fragte, ob sie auch schön brav gewesen war. „Aber klar!“, antwortete Lena kess, und schon wurde ihr ein Probepäckchen Zahnpasta in die Hand gedrückt, eine von der langweiligen Sorte.

(d) „Es gibt hier einen Weihnachtsmann, der klaut“, sagte Lena. Der Detektiv schaute sie zweifelnd an. „Das kann ich mir aber gar nicht vorstellen. Unsere Weihnachtsmänner gehören zu der Rasse der grundehrlichen, liebenswürdigen und eher brummigen Exemplare. Kannst du ihn mir genauer beschreiben?“ „Nun, er hat einen langen weißen Bart und einen roten Mantel an.“ „Das wird schwierig“, antwortete der Detektiv, „wir haben zur Zeit sechs Weihnachtsmänner mit langem Bart und rotem Mantel im Haus; das gehört zur Grundausstattung.“ Da fiel Lena etwas ein: „Gehört zu Ihrer Grundausstattung auch ein Weihnachtsmann mit schwarzen hochhackigen Lackstiefeln?“

(e) Ein Weihnachtsmann hatte sich zwischen die Regale gedrängt. „Hoffentlich kommt der jetzt nicht auch noch daher und fragt mich, ob ich brav war“, dachte sich Lena. Aber der Weihnachtsmann schien sich nicht um die Kunden kümmern zu wollen. Im Gegenteil: Er schaute vorsichtig rechts und links und ließ dann allerlei Schächtelchen und Packungen vorsichtig in seinen braunen Jutesack gleiten. Ob das mit rechten Dingen zuging? Lena zupfte ihre Mutter am Ärmel und machte sie auf das sonderbare Verhalten des Weihnachtsmanns aufmerksam. Und die Mutter gab ihr Recht: „Ich glaube, wir benachrichtigen den Kaufhausdetektiv“, sagte sie und bald waren sie in einem Büro, wo ein Mann vor einem Bildschirm saß und das Geschehen in den Geschäftsräumen verfolgte.

(f) Im Büro des Detektivs gab es dann eine schöne Bescherung. Unter dem Rauschebart zeigte sich ein hübsches Gesicht, und unter dem roten Mantel war eine zierliche Frauengestalt verborgen. Und aus dem Jutesack fielen viele sündhaft teure Cremes und Pasten und Tuben und Wässerchen. Die junge Frau weinte bitterlich und erzählte sehr traurige Geschichten, warum sie Waren für viele hunderte Euro gestohlen hatte – und das wohl nicht zum ersten Mal.

(g) Jetzt kam Leben in den Herrn. „Bitte, könnten Sie hier einen Augenblick mit Ihrer Tochter warten ?“, sagte er und machte sich auf den Weg. An drei oder vier Weihnachtsmännern lief er vorbei, die alle dicke Winterstiefel trugen. Aber kurz vor dem Ausgang entdeckte er einen etwas kleineren Weihnachtsmann mit einem schweren Jutesack über den Rücken, der gerade auf seinen hochhackigen schwarzen Stiefeln das Geschäft verlassen wollte. „Sehr geehrter Herr Weihnachtsmann“, sagte der Detektiv, „in meinem Büro wartet ein besonders braves Kind auf Sie. Bitte kommen Sie mit.“

(h) Als Dank für ihre Aufmerksamkeit erhielt Lena einen Gutschein. Nun konnte sie für den Rest des Jahres ihre Lieblingszahnpasta kaufen, ohne einen Cent dafür ausgeben zu müssen.

3

a) Unterstreiche alle Sätze, die sich nur auf den Inhalt der Bilder beziehen.

b) Der Verfasser oder die Verfasserin hat die Bildergeschichte mit verschiedenen erzählerischen Mitteln ausgestaltet. Nenne drei davon!

1. ______________________________

2. ______________________________

3. ______________________________

Checkliste: Erzählen

Hier kannst du nochmal überprüfen, ob du fit für das Schreiben einer Erzählung bist.

1. Du überlegst dir zu Beginn deiner Erzählung, was die Themenstellung von dir erwartet. ☐

2. Bei einer Erlebniserzählung achtest du darauf, dass sie glaubwürdig klingt und dass der Leser an den Geschehnissen, die dir passiert sind, genau teilhaben kann. ☐

3. Bei einer Fantasieerzählung oder Reizwortgeschichte bemühst du dich darum, das Erfundene überzeugend und logisch auszugestalten. ☐

4. Die Vorlage einer Bildergeschichte setzt du so in Sprache um, dass die Handlung, die auf den Bildern zu sehen ist, sinnvoll miteinander verbunden und lebendig wird. ☐

5. Jede Erzählung beginnst du mit einer hinführenden Einleitung und beendest sie mit einem abrundenden Schluss. ☐

6. Die Erzählschritte im Hauptteil sollten sich steigern und zu einem Höhepunkt hinführen. ☐

7. Mithilfe einer anschaulichen und lebendigen Sprache gestaltest du die Erzählung spannend und interessant. Dazu verwendest du passende Verben, treffende Adjektive und auch die wörtliche Rede. ☐

8. Am Schluss überprüfst du, ob du die Regeln der Rechtschreibung und Zeichensetzung eingehalten hast. ☐

1

Finde zu jedem Verb zusätzlich zwei weitere anschauliche Verben.

aufreißen – marschieren – reichen – notieren – erspähen –ausrufen – zuknallen – schlendern – aufklappen – flüstern – kritzeln – erhalten – empfangen – zuklappen – ergreifen – beobachten – zulangen – schenken

a) **gehen**

____

____

b) **sagen**

____

____

c) **sehen**

____

____

d) **schließen**

____

____

e) **öffnen**

____

____

f) **schreiben**

____

____

g) **bekommen**

____

____

h) **geben**

____

____

i) **nehmen**

____

____

Punkte: max. 18

2

Suche je zwei anschauliche Adjektive für

a) **klein** ______________________ ______________________

b) **groß** ______________________ ______________________

c) **schön** ______________________ ______________________

d) **schlecht** ______________________ ______________________

e) **laut** ______________ ______________

f) **leise** ______________ ______________

Punkte: max. 12

3

Bilde die wörtliche Rede und finde auch andere Ausdrücke für das Verb „sagen".

a) Mein Freund sagte, dass er schon lange auf mich gewartet habe.

____

____

b) Der Spaziergänger sagte, dass in dem Gebüsch etwas Merkwürdiges zu passieren schien.

____

____

c) Der Verkäufer sagte, dass mir der Pullover sehr gut stehe.

____

____

d) Mein Vater sagte, dass er ärgerlich auf mich sei.

____

____

Punkte: max. 4

Überprüfe nun deine Antworten im Lösungsteil und gib dir für jede richtige Antwort einen Punkt.
Du kannst maximal 34 Punkte erreichen.

Gesamtpunkte: max. 34

26–34 Punkte: Prima, das hast du schon sehr gut gemacht.

13–25 Punkte: Nicht schlecht, aber du kannst dich noch verbessern.

0–12 Punkte: Wiederhole das Kapitel am besten nochmal.

2 Informieren

Wenn du jemanden über einen Sachverhalt informierst, kommt es darauf an, dass du knapp und sachlich eine Tatsache mitteilst ohne dass deine Meinung dabei zu Worte kommt.

2.1 Die Gegenstandsbeschreibung

Eine Gegenstandsbeschreibung verfasst du meistens dann, wenn du einen Gegenstand **verloren** hast oder **suchst**.
Die genaue Beschreibung beginnt mit den Teilen, **die ins Auge fallen,** und geht dann zu den weniger wichtigen über. Sind alle Teile gleich wichtig, beschreibst du sie in der Reihenfolge des **Uhrzeigersinns**.

Damit man sich ein Bild von der gesuchten Sache machen kann, gibst du erst einen groben Überblick, in dem **Art, Form, Größe, Material und Farbe** des Gegenstands genannt werden.

Dann gehst du auf die **besonderen Einzelheiten** und **Merkmale** ein, die diesen Gegenstand von ähnlichen unterscheiden. Das können auch **Markennamen** oder **Abnutzungserscheinungen** sein.
Bei Geräten, mit denen du etwas tust, ist es auch wichtig, die **Handhabung** und **Funktion der Einzelteile** zu nennen.

Bei der Beschreibung gebrauchst du **genaue** und **treffende Adjektive, Nomen** und **Verben**. Auch **Fachausdrücke** kannst du verwenden, soweit du davon ausgehen kannst, dass deine Leser sie kennen.
Manchmal helfen dir auch **Vergleiche** mit ähnlichen Gegenständen weiter.

Die Gegenstandsbeschreibung wird im **Präsens** verfasst.

1

Katrina hat im Zug ein Etui verloren, in dem sie ihre CDs aufbewahrt. Sie erhält vom Fundamt der Deutschen Bahn ein Formular, auf dem sie das Etui beschreiben soll.

a) Lies Katrinas Beschreibung gut durch.
b) Der Beamte im zuständigen Fundbüro findet 3 CD-Etuis unter den Fundsachen. Welches wird er Katrina zuschicken?

Es handelt sich um ein weinrotes Lederetui, das ungefähr die Größe einer CD hat. Es ist beinahe rund, nur an der Seite, wo man es aufklappt, wird die Kreisform von einer etwa 8 cm langen geraden Linie unterbrochen. Da es bis zu 20 CDs aufnehmen kann, ist es etwa 3 cm hoch. In der Rundung befindet sich ein Reißverschluss, mit dem man das Etui öffnen kann. Im Inneren befinden sich 10 Plastikhüllen, in denen ich etwa 8 CDs untergebracht habe.

Das Etui ist noch ziemlich neu und hat an seinen Rändern schwarze Steppnähte.

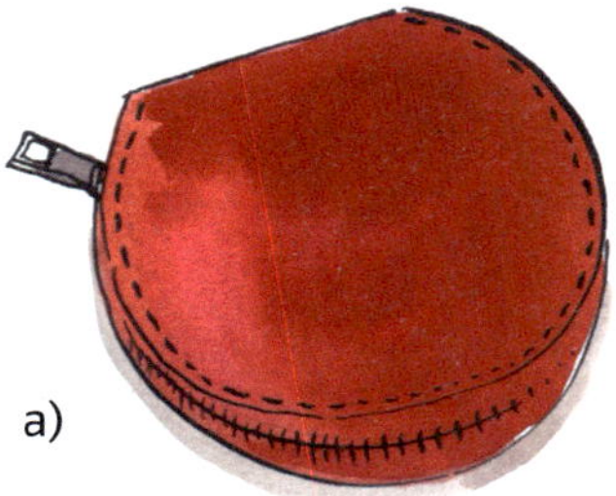
a)

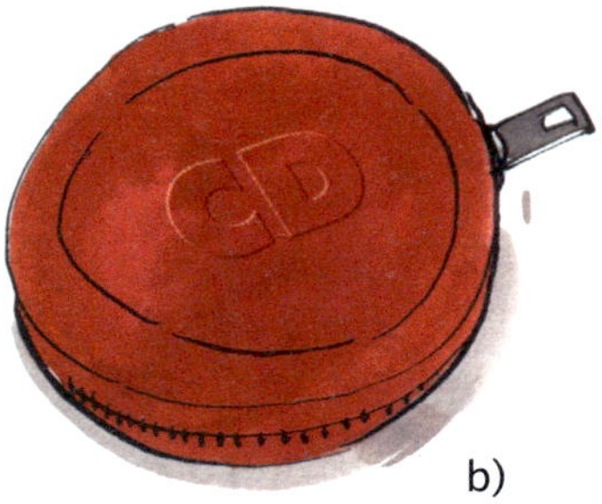

b)

c)

2

Trage die Wörter aus Katrinas Beschreibung ein, die Auskunft über das jeweilige Merkmal geben.

a) *Größe* ____________________

b) *Form* ____________________

c) *Farbe* ____________________

d) *Material* ____________________

3

Kreuze an, in welcher Reihenfolge Katrina das Etui beschrieben hat.

a) Inneres, Äußeres, Besonderheiten ☐

b) Äußeres, Besonderheiten, Inneres ☐

c) Äußeres, Inneres, Besonderheiten. ☐

4

Beschreibe den folgenden Gegenstand in deinem Trainingsheft.

2.2 Die Spielbeschreibung und die Bastelanleitung

Beide Beschreibungen haben die Gemeinsamkeit, dass im Gegensatz zu einer Gegenstandsbeschreibung nicht ein Zustand, sondern ein **Vorgang** beschrieben wird.

Damit andere diesen Vorgang nachvollziehen können, ist es also ganz wichtig, eine **richtige Reihenfolge** wiederzugeben. Dazu verwendest du **passende Konjunktionen**, die die Zeitverhältnisse gut wiedergeben (nun, dann, anschließend …).

Bei einer **Spielanweisung** gibst du zuerst an, worauf es bei dem Spiel ankommt, was das Ziel ist und wie viele Mitspieler teilnehmen können. Dann gehst du auf die **Regeln** ein und erwähnst dabei die unterschiedlichen Bestandteile des Spiels. Erst wenn die Regeln bekannt sind, nennst du **Sonderfälle** oder **Ausnahmen**.

Bei einer **Bastelanleitung** machst du den Leser zunächst mit den Grundmaterialien bekannt.
Danach führst du die verschiedenen **Arbeitsgänge** auf und achtest dabei nicht nur auf die **zeitliche Reihenfolge**, sondern auch auf **genaue Richtungsangaben** (oben, unten, rechts, links, darüber, dahinter).

Beide Formen der Beschreibung werden im **Präsens** geschrieben. Damit deine Leser alle Vorgänge gut verstehen können, achtest du auf **klare verständliche Sätze**, in denen du auch **Fachausdrücke** benutzen kannst.

1

Die Deutschlehrerin in Jans Klasse will in der letzten Stunde vor den Ferien das Spiel „Tabu“ spielen und liest den Schülern die Regeln vor.

Entscheide, wo die folgenden Zwischenüberschriften hingesetzt werden müssen.

Sieger **Besonderheiten** **Spielregeln für ein Gruppenspiel**

Spielmaterial **Wesen und Ziel des Spiels**

Das Tabuspiel

Bei diesem Spiel kommt es darauf an, dass man einen vorgegebenen Begriff innerhalb einer begrenzten Zeit so beschreibt, dass ihn andere erraten können.

Zu dem Spiel gehören zahlreiche Wortkärtchen. Ganz oben steht der Begriff, der erraten werden muss. Das Kärtchen nennt aber auch fünf weitere Wörter, die man bei der Beschreibung nicht verwenden darf, weil sie das Erraten erleichtern würden. Diese Wörter sind also „tabu".

Die Schüler einer Klasse werden zunächst in zwei Gruppen A und B aufgeteilt. Jede Gruppe ernennt jeweils einen Schüler/eine Schülerin, der/die der eigenen Gruppe nun Begriffe zu erraten gibt. Dazu wird ein Wortkärtchen genommen, das aber vorher nicht angeschaut werden darf.
Da der Schüler oder die Schülerin nur eine Minute Zeit zur Verfügung hat, bis der Begriff von der Gruppe erraten werden muss, versucht er/sie so einfallsreich und schnell wie möglich zu sprechen. Wurde der Begriff erraten, bevor die Minute vorbei ist, darf schnell das nächste Wortkärtchen genommen und der nächsten Begriff vorgestellt werden.
Das geht so lange, bis die Minute vorbei ist. Dann ist die andere Gruppe an der Reihe. Für jeden erratenen Begriff erhält die Gruppe einen Punkt.

Beide Spieler kontrollieren gegenseitig, ob die „verbotenen" Begriffe nicht doch verwendet werden. Wenn dies der Fall ist, wird ein Punkt abgezogen.

Sieger ist die Gruppe, die die meisten Punkte erhalten hat.

2

Diese Bastelanleitung ist etwas durcheinander geraten. Bringe die Sätze in die richtige Reihenfolge, indem du sie von 1 bis 10 nummerierst.

Ein Mini-Treibhaus für Bohnenkeime

Die Keimlinge von Mungbohnen sind ein gesunder und leckerer Snack. Allerdings benötigt man ein kleines Treibhaus, in dem die Bohnen keimen können. Du kannst es selbst leicht herstellen. Du brauchst dazu:

- 1 großes Schraubglas mit Metalldeckel
- 1 großes Blatt schwarzes Papier oder Karton
- Klebstoff, Mungbohnen

☐ Schneide das schwarze Papier (oder den Karton) so zu, dass es wie eine Röhre über das Schraubglas passt und oben etwas übersteht.

☐ Anschließend lässt du die Bohnen über Nacht in einer Schüssel, die mit Wasser gefüllt ist, einweichen.

☐ Dann wäschst du 5 Esslöffel Mungbohnen gründlich mit Wasser ab.

☐ So werden die Bohnen gespült und belüftet.

☐ In den Deckel des Schraubglases stichst du mit einer kräftigen Küchenschere viele Löcher.

☐ Am nächsten Morgen füllst du die Bohnen in das Schraubglas und lässt das Wasser durch die Löcher ablaufen.

☐ Dann stülpst du die Papierröhre darüber und stellst dein Treibhaus an einen warmen Platz.

☐ Klebe das zugeschnittene Papier in Röhrenform zusammen.

☐ Dreimal täglich öffnest du das Glas, füllst lauwarmes Wasser hinein, schraubst es wieder zu und lässt das Wasser durch die Löcher ablaufen.

☐ Nach zwei Tagen haben die meisten Bohnen gekeimt, und ein bis zwei Tage später kannst du sie auf einer Scheibe Butterbrot verzehren.

2.3 Die Wegbeschreibung

Bei einer Wegbeschreibung kommt es darauf an, dass du **genaue und eindeutige Angaben** machst, sodass ein Leser oder Zuhörer nachvollziehen kann, wie er einen bestimmten Ort erreichen kann.

Dazu musst du dir im Geist die **einzelnen Abschnitte der Wegstrecke** vorstellen. Erwähne **besondere Gebäude** oder andere örtliche Merkmale (Bahnhof, Kirche, große Kreuzung) und nenne **Straßennamen**, wenn du sie kennst.
Es ist wichtig, dass du **Entfernungen** (etwa 20 Meter) richtig abschätzen kannst und **Richtungsangaben** (links, rechts, geradeaus) korrekt verwendest.

Um genau zu formulieren, brauchst du **Präpositionen** (vor, hinter, neben), die einen Ort bestimmen und Konjunktionen, die Zeitangaben vervollständigen (bevor, nachdem, wenn).

1

In der Adventszeit ist Familie Weiß nach Wallburg gefahren, um den dortigen Weihnachtsmarkt zu besuchen. Am Bahnhof erhalten sie eine Skizze mit der folgenden Auskunft. Vervollständige die Wegbeschreibung, indem du die passenden Ortsangaben einfügst.

Wenn Sie den Bahnhof verlassen haben, gehen Sie zunächst über den Vorplatz und überqueren an der rechten Ampelanlage die Ringstraße. Sie laufen nun die gesamte Bahnhofstraße ______________________ **(rechts/links/geradeaus)** entlang und wenden sich am Ende nach __________ **(links/rechts)**. Sie befinden sich nun auf der Juliuspromenade, die sie überqueren und weiterhin entlanglaufen. Nach etwa ____________ **(50/100/200)** Metern mündet von der ________________ **(linken/rechten)** Seite die Augustinerstraße in die Juliuspromenade. An der Ecke befindet sich eine ______________________ **(Bäckerei/Kirche/Apotheke)**. Sie biegen in die Augustinerstraße ein, laufen an einer ________________________ **(Sparkasse/Kirche/Krankenhaus)** entlang und werden nach etwa ________ **(20/100/200)** Metern sehen, dass sich rechts von Ihnen ein größerer ________________________ **(Supermarkt/Platz/Bushaltestelle)** öffnet. Hier werden Sie schon die ersten Buden des Weihnachtsmarkts erkennen, der sich auf dem Marktplatz und um die Marienkapelle herum befindet.

Zeichne auf der Karte den Weg zum Weihnachtsmarkt ein.

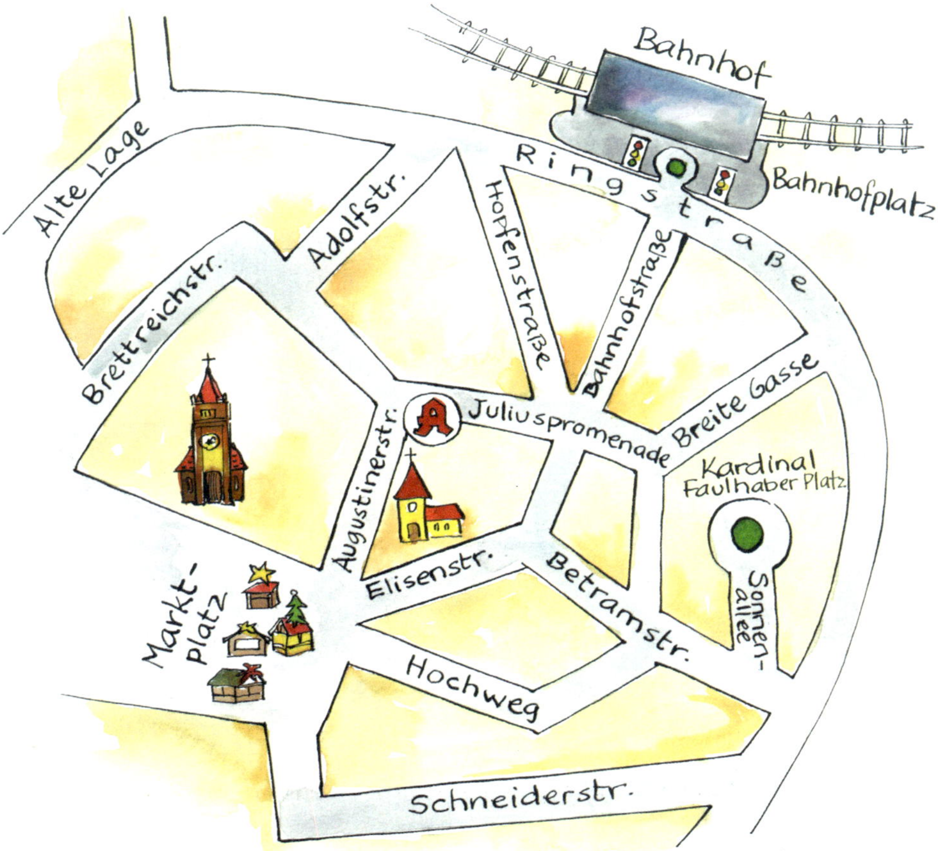

Checkliste: Informieren

Die folgenden Punkte solltest du für einen gelungenen Aufsatz, in dem du einen Sachverhalt beschreibst, abhaken können:

1. Du hast dich genau mit dem Thema befasst und weißt, dass du einen sachlichen Text schreiben wirst, in dem deine persönliche Meinung nicht gefragt ist. ☐
2. Für eine Gegenstandsbeschreibung hast du den Gegenstand genau betrachtet und dir Notizen zu Art, Form, Größe, Material und Farbe gemacht. ☐
3. Du hast dir überlegt, in welcher Reihenfolge du deine Beschreibung aufbauen willst. Du achtest auf eine treffende und genaue Wortwahl. ☐
4. Bei einer Spielbeschreibung oder Bastelanleitung achtest du darauf, dass der Leser die Reihenfolge der Handlungsschritte gut nachvollziehen kann. Dein Satzbau ist einfach und übersichtlich, die Fachausdrücke sind leicht verständlich oder werden erläutert. ☐
5. Bei einer Wegbeschreibung achtest du auf genaue Orts- und Richtungsangaben und gibst mithilfe von Präpositionen und Konjunktionen klar verständliche Anweisungen. ☐
6. Bei allen Texten benutzt du das Präsens. ☐
7. Zum Schluss liest du dir deinen Text noch einmal gut durch und verbesserst Rechtschreib- und Grammatikfehler. ☐

1

Ergänze bei der Beschreibung des abgebildeten Radierstifts die fehlenden Wörter.

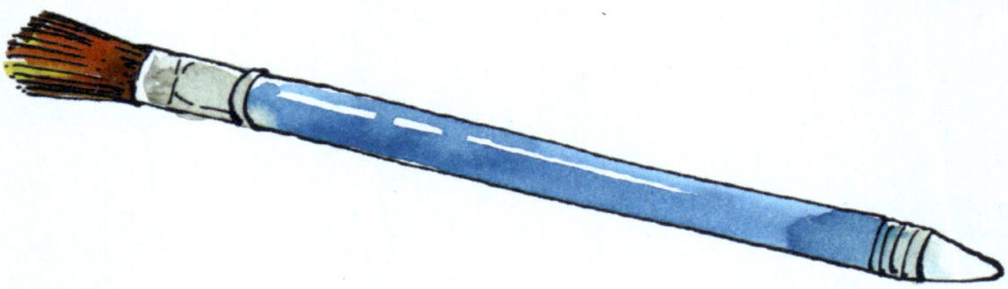

Der blaue Radierstift hat eine __________ *von 10 cm .*
Er ist aus Holz __________ *. Das* __________
Ende besteht aus einem __________ *Radiergummi.*
Am __________ *Ende ist ein flacher* __________
in einer metallenen __________ *, er dient dazu, die*
Radierkrümel wegzuwischen.

Punkte: max. 7

2

Nenne die Gegensätze.

a) **eckig** __________ b) **poliert** __________

c) **flach** __________ d) **rau** __________

e) **eben** __________ f) **bunt** __________

Punkte: max. 6

3

Jannis beschreibt sein Taschenmesser, das er im Zeltlager verloren hat:

Mein Taschenmesser ist echt cool. Es ist ein Geburtstagsgeschenk von meinem Onkel und kommt aus der Schweiz. Man kann viele Sachen damit machen, am besten finde ich aber die Klinge zum Schnitzen und die Holzsäge. Auch die Kette zum Befestigen ist echt praktisch.

Verbessere diese Beschreibung in deinem Trainingsheft.

4

Ergänze passende Verben für eine Spielanleitung.

a) Karten ____________________

b) die Spielfiguren ____________________

c) den Spielplan ____________________

d) die Rollen ____________________

e) die Spielregeln ____________________

Punkte: max. 5

5

Ergänze bei dieser Bastelanleitung die fehlenden Wörter.

halten **basteln** **besprühst** **nach unten** **stellst** **geeignete**

Um einen Trockenblumenstrauß zu ____________________, kaufst du ____________________ Blumen wie z. B. Rosen. Diese hängst du dann mit den Blüten ____________________ an einen warmen und sonnigen Platz. Wenn die Blumen nach etwa einer Woche trocken sind, ____________________ du sie mit Haarspray, damit sich die Farben länger ____________________. Anschließend ____________________ du den Strauß in ein passendes Gefäß.

Punkte: max. 6

Überprüfe nun deine Antworten im Lösungsteil und gib dir für jede richtige Antwort einen Punkt. Die Aufgabe 3 wird nicht bewertet, aber vergleiche den Lösungsvorschlag mit deiner Beschreibung.

Gesamtpunkte: max. 24

Du kannst maximal 24 Punkte erreichen.

22–24 Punkte: Toll, Sachverhalte zu erklären, macht dir keine Schwierigkeiten.

11–21 Punkte: Nicht schlecht, aber du kannst dich noch verbessern.

0–10 Punkte: Es wäre gut, wenn du das Kapitel wiederholst.

Umgang mit Texten

1 Sachtexten Informationen entnehmen

Wenn du Zusammenhänge in Sachtexten verstehen willst, musst du wissen, wie man sich Informationen beschafft und wie man damit umgeht.

Wenn du in der Schule **Arbeitsblätter** oder fotokopierte Texte erhältst, kannst du mithilfe von **Markierungen** oder **Unterstreichungen** die wichtigsten Informationen herauslösen und sie dir so besser einprägen. Achte darauf, nur das **wirklich Wichtige** zu erfassen; wer zu viel markiert, verliert den Überblick.

Bei längeren oder unübersichtlichen Texten hilft es dir, sie mithilfe von **Zwischenüberschriften** zu gliedern. Wenn du diese an den Rand schreibst, hast du eine gute Übersicht. Bei der Formulierung helfen dir so genannte **Schlüsselwörter**. Sie sagen dir, worum es in einem Abschnitt geht.

Für dein Lernen in der Schule reicht es meist nicht aus, die Texte in den **Schulbüchern** nur zu **lesen**. **Schreibe** dir wichtige Informationen so **heraus**, dass du sie dir besser merken kannst. Das klappt am besten mit **Stichwortnotizen**; wenn du sie auf eine **Karteikarte** schreibst und aufhebst, kannst du das einmal erworbene Wissen immer wiederholen.

Das gilt vor allem für Informationen, die du **geliehenen Büchern** entnimmst. Da du diese nur eine bestimmte Zeit zur Verfügung hast, musst du dafür sorgen, dass du die Informationen später **vollständig** und **richtig** abrufen kannst.

Wichtig ist, dass jede Karteikarte eine **Überschrift** erhält und dass du auf ihr auch die **Quelle** der Information notierst. Das bedeutet, dass du Autor, Titel und Seitenangabe nennst.

Natürlich solltest du nur Informationen notieren, die du auch wirklich verstanden hast. Deswegen ist es schon beim Lesen eines Sachtextes wichtig, dass du **unbekannte Wörter nachschlägst** oder dir bei **schwierigen Textstellen Klarheit verschaffst**.

1.1 Textstellen verstehen, markieren und unterstreichen

1

In einem Jugendsachbuch findet sich in dem Kapitel „Die Geschichte der Hauskatze“ folgender Text. Marius hat im ersten Absatz bereits die wichtigsten Textstellen unterstrichen. Markiere oder unterstreiche die wichtigsten Informationen im zweiten Absatz.

Wann kam die Katze zum Menschen?

Vermutlich hat der Mensch nie planmäßig versucht, Katzen zu zähmen. Man nimmt an, dass der Kontakt zwischen Katze und Mensch damit begann, dass die Tiere auf der Suche nach weggeworfenen Nahrungsmitteln um die Behausungen der Menschen herumstreunten. Die Ägypter waren die ersten Menschen, die sich vor 6000 bis 8000 Jahren wirklich mit der Katze beschäftigten.

Während Hund, Rind und Schaf damals schon längst Haustiere geworden waren und die Katze durchaus als Mäuse- und Rattenfänger geschätzt wurde, kam sie aus kultischen und religiösen Gründen zum Menschen. In Ägypten verehrte man sie in Form der katzenköpfigen Göttin Bastet, der Beschützerin des Heims, der Mütter und der Kinder. Da die Ägypter glaubten, dass Katzen böse Geister vertreiben, durfte ihnen niemand etwas zuleide tun oder sie verjagen. Zum Schutz vor Dämonen trug man Schmuckstücke, auf denen Katzen abgebildet waren, als Amulette um den Hals. Archäologen fanden solche Amulette in alten Gräbern.

2

Marius hat vier Begriffe aus dem Text nachgeschlagen, aber falsch aufgeschrieben. Ziehe die richtigen Verbindungslinien.

Kult	Schmuckanhänger, der Schutz geben soll
Dämon	Verehrung einer Gottheit
Amulett	Wissenschafter, der sich mit alten Kulturen beschäftigt
Archäologe	böser Geist

1.2 Notieren und gliedern

1

Ergänze den Eintrag auf der Karteikarte.

Wann kam die Katze zum Menschen?

1. Katzen suchten ______________________

____

____

2. Vor 6000 bis 8000 Jahren: ______________________

____

____

3. Katzen galten damals als ______________________

____

____

2

a) Gliedere den folgenden Text über die Altsteinzeit, indem du dich für die passenden Zwischenüberschriften entscheidest.

- **Wie sah der Mensch der älteren Steinzeit aus?**
- **Welche Kleidung trugen die Steinzeitmenschen?**
- **Wie wohnten die Steinzeitmenschen?**
- **Wie lebten die Steinzeitmenschen?**

b) Unterstreiche in den Absätzen alle Informationen, die Antwort auf die Zwischenüberschriften geben.

Die Altsteinzeit (etwa 600 000 bis 10 000 vor Chr.)

____

Die Altsteinzeitmenschen waren nomadisierende Wildbeuter. Unter Nomaden verstehen wir Menschen, die keinen festen Wohnsitz haben, sondern ständig hin und her ziehen, meist auf der Suche nach neuen Jagdgründen. Der Altsteinzeitmensch war zu diesem unruhigen Leben gezwungen, da er den wandernden Tierherden nachziehen musste.

____

Auf Grund von Knochenfunden im Neandertal bei Düsseldorf (etwa 100 000 Jahre alt) können wir uns ein einigermaßen zutreffendes Bild von den Menschen jener Tage machen. Der Körperbau des Neandertalers muss plump und massig gewesen sein, die mittelgroße Gestalt war vornüber gebeugt und hatte lang herabhängende Arme. Am Gesicht fallen die flache fliehende Stirn, die hervortretenden Backenknochen und das stark zurücktretende Kinn auf; die Nase war breit und platt. Wulstige Augenbrauen und tief liegende Augen mögen zu einem finsteren, wilden Gesichtsausdruck beigetragen haben, was den ungemein harten Lebensbedingungen entsprach.

____

Die sehr starke Körperbehaarung bot einen natürlichen Schutz gegen Kälte, denn in der ersten Zeit war jede Art von Bekleidung unbekannt. Erst später legten sich die Menschen Felle erbeuteter Tiere um und hängten solche auch vor die Eingänge ihrer Höhlen.

____

Viele Jahrtausende lang wohnte der Mensch der Altsteinzeit im Freien, er schlief in flachen Gruben und hinter windschützenden Sträuchern. Schutz vor wilden Tieren bot allein das Feuer. Erst später suchte er sich richtige „Wohnungen", meist natürliche Höhlen an den Rändern der Gebirge. Sie schützten vor Kälte und wilden Tieren, spendeten im kurzen Sommer Kühle, im Winter Wärme und trotzten Sturm, Schnee und Regen.

1

Unterstreiche im folgenden Text die wichtigsten Informationen.

Welches sind die gefährlichsten Katzenkrankheiten?

Wenn eine Katze nicht fressen will, ist sie meistens krank. Dann solltest du sofort zum Tierarzt gehen, denn es gibt zwei sehr gefährliche Katzenkrankheiten: die Katzenstaupe (auch Katzenseuche oder Katzenpest) und die Tollwut. Beide Krankheiten sind sehr ansteckend und werden von einem Virus verursacht. Vor allem junge Katzen erkranken an der bösartigen Magen- und Darmkrankheit Katzenstaupe, und die meisten sterben daran.

Während die Katzenstaupe nur bei Katzen vorkommt, kann sich die Tollwut auch auf den Menschen übertragen. Eine Katze kann diese Krankheit bekommen, wenn sie von einem tollwütigen Fuchs gebissen wird. Tollwut ist deswegen so gefährlich, weil sie eine Erkrankung des Zentralnervensystems ist.

Du kannst jedoch deine Katze vor beiden Krankheiten schützen, indem du sie schon in den ersten Monaten dagegen impfen lässt. Diese Injektionen verhindern für einige Jahre den Ausbruch der Krankheiten.

Punkte: max. 8

2

Auf welche Fachbegriffe im Text beziehen sich diese Erklärungen?

a) Gehirn und Rückenmark ____________________

b) Krankheitserreger ____________________

c) Verabreichung von Spritzen ____________________

Punkte: max. 3

3
Gliedere den folgenden Text mit Hilfe von Schrägstrichen in drei etwa gleich lange Absätze und gib jedem eine eigene Überschrift, die du an den Rand schreibst. Schlüsselwörter, die in der Überschrift enthalten sein sollen, findest du im Text.

Damit der Mensch am Leben bleibt, muss der Körper ständig durch die Nahrungsaufnahme mit Nährstoffen versorgt werden. Erhält er mehr als ein paar Stunden lang weder Nahrung noch Wasser, wird in einem Teil des Gehirns die Empfindung von Hunger und Durst erzeugt. Sie sind eine Warnung, dass Nährstoffe oder Flüssigkeit gebraucht werden. Ein gesunder Erwachsener kann mehrere Wochen ohne Nahrung überleben, ohne Wasser stirbt er aber schon nach wenigen Tagen. Die meisten Menschen sind Allesesser. Sie nehmen Nahrung aus pflanzlichen und tierischen Quellen zu sich. Fleisch ist ein wertvoller Lieferant für Proteine, aber auch für Vitamine und Mineralstoffe. Manche Fleischsorten enthalten viele gesättigte Fette, die in großer Menge gesundheitliche Probleme verursachen können. Fisch dagegen ist gesünder, da er reich an ungesättigtem Fett ist. Es gibt auf der Welt aber auch viele Millionen Vegetarier, das sind Menschen, die kein Fleisch essen. Manche Vegetarier verzehren Eier und Milchprodukte, um so die notwendige Menge an Proteinen, Vitaminen und Mineralstoffen aufzunehmen.

Punkte: max. 6

Gib dir für jede richtige Antwort einen Punkt, **maximal 17 Punkte**.

Gesamtpunkte: max. 17

14–17 Punkte: Toll, mit Sachtexten umgehen macht dir keine Schwierigkeiten!

8–13 Punkte: Gutes Ergebnis, aber du kannst dich noch verbessern!

0–7 Punkte: Wiederhole am besten das Kapitel nochmal.

2 Literarische Texte unterscheiden

Literarische Texte erzählen dir etwas von unserer Welt, manchmal aber auch von anderen Welten, die du sonst nie kennen lernen würdest. So wirst du zum Beispiel in einer Sage oder einer Ballade mit alten Zeiten bekannt gemacht oder erfährst in einem Jugendroman etwas über die Lebensverhältnisse in anderen Ländern.

2.1 Märchen und Sage

Märchen, Sagen, Erzählungen oder Romane gehören zu der literarischen Gattung, die man als **epische Texte** bezeichnet.
Aus deiner Kindheit kennst du **Märchen**, in denen die Trennung zwischen **Fantasie** und **Wirklichkeit** aufgehoben ist. In ihnen ist alles möglich, die Naturgesetze gelten nicht, und die **Helden** begegnen **Zwergen**, **Riesen** oder anderen unwirklichen Wesen. Den Beginn eines Märchens erkennt man an Formulierungen wie z. B. „Es war einmal". Oft spielen bei der Handlung die **magischen Zahlen** 3, 7, 12 und 13 oder **Zauberformeln** eine Rolle. Auch wenn viele Abenteuer bestanden werden müssen, **siegt** am Ende meistens **das Gute**.

Auch in **Sagen** geschehen **wundersame Ereignisse**, und **Helden** müssen Abenteuer bestehen. Aber im Gegensatz zu Märchen beruhen Sagen auf einem wahren, **geschichtlichen Kern**. Viele Namen, Orte oder Zeitangaben lassen sich nachprüfen, allerdings werden Ereignisse hinzugefügt oder verändert, die die Fantasie des Lesers anregen.

1

Lies das Sterntaler-Märchen gut durch und unterstreiche die Textstelle, an der deutlich wird, dass es sich um ein Märchen handelt.

Die Sterntaler

Es war einmal ein kleines Mädchen, dem waren Vater und Mutter gestorben, und es war so arm, dass es kein Kämmerchen mehr hatte, darin zu wohnen, und kein Bettchen mehr, darin zu schlafen, und endlich gar nichts mehr als die Kleider auf dem Leib und ein Stückchen Brot in der Hand, das ihm ein mitleidiges Herz geschenkt hatte. Es war aber gut und fromm. Und weil es so von aller Welt verlassen war, ging es im Vertrauen auf den lieben Gott hinaus ins Feld. Da begegnete ihm ein armer Mann, der sprach: „Ach, gib mir etwas zu essen, ich bin so hungrig." Es reichte ihm das ganze Stückchen Brot und sagte: „Gott segne dir`s", und ging weiter.

Da kam ein Kind, das jammerte und sprach: „Es friert mich so an meinem Kopfe, schenk mir etwas, womit ich ihn bedecken kann." Da tat es seine Mütze ab und gab sie ihm. Und als es noch eine Weile gegangen war, kam wieder ein Kind und hatte kein Leibchen an und fror, da gab es ihm seins; und noch weiter, da bat eins um ein Röcklein, das gab es auch von sich hin.

Endlich gelangte es in einen Wald, und es war schon dunkel geworden, da kam noch eines und bat um ein Hemdlein, und das fromme Mädchen dachte: „Es ist dunkle Nacht, da sieht dich niemand, du kannst wohl dein Hemd weggeben", und gab es auch noch hin. Und wie es so stand und gar nichts mehr hatte, fielen auf einmal die Sterne vom Himmel und waren lauter harte, blanke Taler; und ob es gleich sein Hemdlein weggeben, so hatte es ein neues an, und das war vom allerfeinsten Linnen. Da sammelte es sich die Taler hinein und war reich für sein Lebtag.

Brüder Grimm

2

Welche Merkmale eines Märchens kannst du noch entdecken? Überprüfe den Text auf fantastische Begebenheiten.

____

____

____

3

Das Märchen ist so aufgebaut, dass du drei einfache Handlungsabschnitte erkennen kannst. Nenne sie.

a) *Ausgangslage:* ______________________________

____

b) *Verhaltensweise des Mädchens:* ______________________________

____

c) *Ergebnis:* ______________________________

____

4

Viele Märchen wollen den Zuhörern oder Lesern eine Lehre erteilen. Welche ist es deiner Meinung nach beim Sterntaler-Märchen?

Formuliere sie in deinen eigenen Worten.

____

____

____

____

____

____

5

Lies den folgenden Text gut durch.

Der Traum vom Glück auf der Brücke zu Koblenz

Ein Bewohner des am Hochwald gelegenen Dorfes Alt-Rinzenberg hatte einst drei Nächte hintereinander den gleichen Traum; eine Stimme rief ihm zu: „Zu Koblenz auf der Brück, da blüht dir dein Glück.“

Als der Mann den Traum seinen Verwandten erzählte, drangen diese so lange in ihn, bis er sich nach Koblenz aufmachte, um das Glück zu suchen. Dort begab er sich sofort auf die alte Moselbrücke, an der das Kur-Trierische Schloss stand, und ging hier auf und ab, das Glück erwartend, das sich aber nicht einstellen wollte. Eben gedachte er – denn es war schon gegen Abend – voll Ärger über die unnötigen Ausgaben und die beschwerliche Reise wegzugehen, als ein Soldat, der auf der Brücke Schildwache stand, auf das sonderbare Gebaren des unruhig hin- und hergehenden Bauern aufmerksam wurde, ihn anredete und fragte, was er eigentlich hier suche.

„Ach“, erwiderte der Bauer, „da träumte mir dreimal hintereinander: Zu Koblenz auf der Brück, da blüht dir dein Glück. Und nun laufe ich schon den ganzen Tag hier auf und ab, aber vom Glück habe ich noch nichts gesehen.“ Da lachte der Soldat und sagte: „Auf Träume darf man überhaupt nichts geben; da träumte ich immer, in Rinzenberg steht in einer alten, zerfallenen Zisterne ein Kessel mit Gold. Aber soviel ich auch gefragt habe, kein Mensch kann mir erklären, wo Rinzenberg liegt, das gibt‘s ja gar nicht.“

„Ah“, dachte der Bauer, „bläst der Wind daher! Jetzt weiß ich genug.“ Er verabschiedete sich schnell und machte sich auf den weiten Heimweg. Zu Hause fand er den Schatz richtig an der bezeichneten Stelle, hob ihn und erbaute weitab von seinem Dorf, am Eberswalde, nahe bei dem damals berühmten Sauerbrunnen, drei schöne Häuser und gründete so Neu-Rinzenberg, das unter dem Namen Rinzenberg heute noch besteht, während Alt-Rinzenberg verfiel und bald völlig verschwunden war. Im Volk will man noch die Stelle genau wissen, wo der Weiler einstens gestanden war.

6

An zwei Merkmalen kannst du erkennen, dass der Text, den du eben gelesen hast, eine Sage ist. Welche sind es?

(1) ______________________________

(2) ______________________________

7

Unterstreiche im Text alle Angaben über Orte und Gebäude, die es wirklich einmal gegeben hat oder heute noch gibt.

8

Was ist das wundersame Ereignis in dieser Sage?

____

9

Welche Aussage ist deiner Meinung nach richtig?

a) Die Sage handelt von einem glücklichen Fund.
b) Die Sage handelt von der Entstehung eines Dorfes.
c) Die Sage handelt von einer berühmten Person.

10

Welche Lehre könnte man aus dieser Sage ziehen?

____

____

____

____

____

2.2 Gedichte

Gedichte gehören zu den **lyrischen Texten**. In ihnen wird Sprache so geformt, dass **Strophe, Reim und Rhythmus** entstehen.
Häufig ist ein Gedicht in verschiedene Abschnitte unterteilt. Diese nennt man **Strophen**.
Die Zeilen eines Gedichts heißen **Verse**.
Oft reimen sich die letzten Wörter oder Silben eines Verses. Man nennt dies **Endreim**.
Von **Stabreim** spricht man, wenn mehrere Wörter den gleichen Anfangsbuchstaben haben.
Beispiel: **f**röhliche **F**este **f**eiern

Viele lyrische Texte geben eine Stimmung wieder oder wollen im Leser eine bestimmte Stimmung hervorrufen.

1
Lies das Gedicht von Christian Morgenstern laut vor.

Vormittags am Strand

Es war ein solcher Vormittag,
wo man die Fische singen hörte.
Kein Lüftchen lief, kein Stimmchen störte
Kein Wellchen wölbte sich zum Schlag.

Nur sie, die Fische, brachen leis
Der weit und breiten Stille Siegel
Und sangen millionenweis
Dicht unter dem besonnten Spiegel.

Christian Morgenstern (1871–1914)

2
Glaubst du, dass Fische singen können? Welche Stimmung will Morgenstern mit dieser Vorstellung wohl ausdrücken?

3

Unterstreiche die Textstellen, in denen die ruhige und friedliche Stimmung auch sprachlich ausgedrückt wird.

4

Schreibe die drei Textstellen heraus, in denen der Stabreim vorkommt.

____

____

____

5

Ergänze im folgendem Lückentext die fehlenden Begriffe, die Merkmale eines Gedichts angeben:

Rhythmus **Verse** **Strophen** **Endreim** **Silbe** **Vers**

Das Gedicht besteht aus zwei ____________________, die jeweils vier ____________________ aufweisen. Die beiden Strophen haben ein unterschiedliches Reimschema. In der ersten Strophe weisen der erste und der vierte Vers den gleichen ____________________ auf, während sich der zweite und dritte Vers anders reimen. In der zweiten Strophe reimen sich dagegen erster und dritter ____________________ und auch der zweite und vierte.

Jede Verszeile hat einen ähnlichen ____________________.

Er entsteht durch die Abwechslung einer betonten und einer unbetonten ____________________.

1

Welche Aussagen sind richtig? Kreuze an.

a) Märchen und Sagen gehören zu den lyrischen Texten. ☐

b) In Märchen und Sagen spielen wundersame Ereignisse eine große Rolle. ☐

c) Märchen haben oft einen geschichtlichen Kern. ☐

d) Gedichte gehören nicht zu den epischen Texten. ☐

e) Auch in den meisten lyrischen Texten wird eine Geschichte erzählt. ☐

f) In lyrischen Texten wird Sprache mithilfe von Reim und Rhythmus geformt. ☐

Punkte: max. 3

2

a) Bestimme Ort und Zeitpunkt der Handlung von „Der Traum vom Glück auf der Brücke zu Koblenz" (S. 129).

b) Wer sind die Handlungsträger und welche Eigenschaften haben sie?

c) Du kannst vier Handlungsschritte unterscheiden:

1. ______________________________

2. ______________________________

3. ______________________________

4. ______________________________

d) Wo ist der Höhepunkt des Geschehens?

Punkte: max. 9

Überprüfe nun deine Antworten im Lösungsteil und gib dir für jede richtige Antwort einen Punkt. **Du kannst maximal 12 Punkte erreichen.**

Gesamtpunkte: max. 12

10 – 12 Punkte: Sehr gut, literarische Texte zu unterscheiden, fällt dir leicht.

5 – 9 Punkte: Nicht schlecht, aber du kannst dich bestimmt noch verbessern!

0 – 4 Punkte: Du solltest dir das Kapitel nochmal anschauen.

3 Literarische Texte verstehen

Literarische Texte, also Romane, Kurzgeschichten oder Erzählungen, musst du genau betrachten und untersuchen, wenn du ihre vollständige Aussage erkennen willst.

Um die Aussage eines literarischen Textes zu erfassen, helfen dir zunächst die **Erschließungsfragen**. Sie beziehen sich auf

1. **Ort und Zeitpunkt** der Handlung (Wo? Wann?)
   Du findest heraus, **wo** und **wann** sich das Geschehen abspielt.
2. **Handlungsträger** (Wer?)
   Du überlegst dir, **wer** die Hauptperson ist und **welche** Nebenpersonen es gibt.
3. **Eigenschaften** (Wie?)
   Du findest heraus, **wie** die Personen leben und welche persönlichen Merkmale sie haben.
4. **Gründe** (Warum?)
   Du überlegst dir, was in den dargestellten Personen vorgeht und **warum** sie sich so oder so verhalten.
5. **Thema, Inhalt** (Was?)
   Du machst dir Gedanken darüber, **was** das eigentliche Geschehen ist und **was** der Verfasser dir mitteilen will.

Wenn du diese Erschließungsfragen beantwortet hast, kannst du die **inhaltlichen Zusammenhänge** leichter erfassen.

Dazu gehört aber auch, dass du die **Handlungsabläufe** erkennen kannst.

1. In welche **Handlungsschritte** wird das Geschehen unterteilt?
2. Gibt es eine **Haupthandlung**, wird sie von einer **Nebenhandlung** begleitet?
3. Wo ist der **Höhepunkt** des Geschehens?

1

Lies den folgenden Text genau durch. Woran erkennst du, dass es sich nicht um ein Märchen oder eine Sage, sondern um eine Erzählung handelt?

Schlittenfahren

Das Eigenheim steht in einem Garten. Der Garten ist groß. Durch den Garten fließt ein Bach. Im Garten stehen zwei Kinder. Das eine der Kinder kann noch nicht sprechen. Das andere Kind ist größer. Sie sitzen auf einem Schlitten. Das kleinere Kind weint. Das größere sagt, gib den Schlitten her. Das kleinere weint. Es schreit.
Aus dem Haus tritt ein Mann. Er sagt, wer brüllt, kommt rein. Er geht in das Haus zurück. Die Tür fällt hinter ihm zu.
Das kleinere Kind schreit.
Der Mann erscheint wieder in der Haustür. Er sagt, komm rein. Na wird's bald. Du kommst rein. Nix. Wer brüllt, kommt rein.
Komm rein.
Der Mann geht hinein. Die Tür klappt.
Das kleinere Kind hält die Schnur des Schlittens fest. Es schluchzt.
Der Mann öffnet die Haustür. Er sagt, du darfst Schlitten fahren, aber nicht brüllen. Wer brüllt, kommt rein. Ja. Ja. Jaaa. Schluß jetzt.
Das größere Kind sagt, Andreas will immer allein fahren. Der Mann sagt, wer brüllt, kommt rein. Ob er nun Andreas heißt oder sonstwie.
Er macht die Tür zu.
Das größere Kind nimmt dem kleineren den Schlitten weg. Das kleinere Kind schluchzt, quietscht, jault, quengelt. Der Mann tritt aus dem Haus. Das größere Kind gibt dem kleineren den Schlitten zurück. Das kleinere Kind setzt sich auf den Schlitten. Es rodelt.
Der Mann sieht in den Himmel. Der Himmel ist blau. Die Sonne ist groß und rot. Es ist kalt.
Der Mann pfeift laut. Er geht wieder ins Haus zurück. Er macht die Tür hinter sich zu.
Das größere Kind ruft, Vati, Vati, Vati, Andreas gibt den Schlitten nicht mehr her.
Die Haustür geht auf. Der Mann steckt den Kopf heraus. Er sagt, wer brüllt, kommt rein. Die Tür geht zu.
Das größere Kind ruft, Vati, Vativativati, Vaaatiii, jetzt ist Andreas in den Bach gefallen.
Die Haustür öffnet sich einen Spalt breit. Eine Männerstimme ruft, wie oft soll ich das noch sagen, wer brüllt, kommt rein.

Helga M. Novak (*1935)

2

Markiere im Text besonders wichtige Wörter und Sätze (Schlüsselwörter und -sätze).
Tipp: Manche Wörter kommen besonders häufig vor.

3

Bestimme Ort und Zeitpunkt der Handlung. Welches Geschehen zieht sich wie ein roter Faden durch die Handlung?

a) Ort ______________________________

b) Zeitpunkt der Handlung ______________________________

c) Hauptgeschehen der Handlung ______________________________

____

4

Welche Personen sind in dem Geschehen miteinander verknüpft und mit welchen Eigenschaften werden sie beschrieben?

a) ______________________________

____

____

b) ______________________________

____

____

c) ______________________________

____

____

____

5

In dieser Kurzgeschichte gibt es zwei Handlungsstränge, die parallel verlaufen und deren Schritte sich wiederholen. Fasse sie zusammen.

Zwei Kinder	Vater

6

Wo ist der Höhepunkt der Handlung?

7

Überlege, wie die Geschichte ausgehen könnte.

Checkliste: Umgang mit Texten

Um für den richtigen Umgang mit Texten fit zu sein, solltest du die folgenden Punkte abhaken können:

1. Wenn du Sachtexten Informationen entnehmen willst, hast du den Text zunächst gründlich und im Zusammenhang gelesen. Dabei hast du auch unklare Begriffe nachgeschlagen. ☐

2. Wesentliche Punkte und Textaussagen machst du mithilfe von Markierungen oder Unterstreichungen kenntlich. ☐

3. Wenn du in einen Text nichts hineinschreiben kannst, schreibst du dir in Form von Stichwortnotizen das Wesentliche heraus. Wenn du Absätze mithilfe von Zwischenüberschriften zusammengefasst hast, bleibt dir der Inhalt des gesamten Textes leichter in Erinnerung. ☐

4. Bei literarischen Texten machst du dir zunächst klar, zu welcher Gattung sie gehören und unterscheidest dabei epische, lyrische und dramatische Texte. ☐

5. Du kennst die wesentlichen Merkmale jeder Gattung und auch der Textart, wie z. B. Gedicht, Märchen, Sage oder Erzählung. ☐

6. Mithilfe von Erschließungsfragen erkennst du die Aussage eines Textes. Du verschaffst dir Klarheit über ☐
   - Ort und Zeitpunkt der Handlung,
   - Eigenschaften und Beweggründe der Haupt- und Nebenfiguren,
   - Thema des Textes.

7. Wenn du die einzelnen Handlungsschritte voneinander unterschieden hast, kannst du Auskunft über Aufbau und Höhepunkt des Geschehens geben. ☐

WARUM FÄLLT MEIN BROT IMMER AUF DIE MARMELADEN-SEITE?
WAS IST DER SINN DES LEBENS?
WAS IST DIE LÖSUNG FÜR AUFGABE 3 AUF SEITE 54?
ALSO, ZUMINDEST AUF DIE LETZTE FRAGE HAB' ICH EUCH DIE ANTWORT.

Lösungen

Rechtschreibung

1 Groß oder klein?

1.1 Satzanfänge und Nomen

1

Eine wunderbare Geburtstagsüberraschung
An meinem letzten Geburtstag kam meine Mutter mit einer dicken Decke unter dem Arm ins Zimmer. „Sieh, was ich hier habe!", sagte sie. Ich schlug vorsichtig einen Zipfel der Decke zur Seite. Da blickte ich in zwei braune Dackelaugen. „Ein Hund!", rief ich. Ich fragte: „Ist der für mich?" „Zum Geburtstag", antwortete sie, „aber du darfst nicht vergessen: Ab heute musst du immer für ihn sorgen." Das versprach ich meiner Mutter. Ich nannte den kleinen Dackel Wuschel und freue mich jeden Tag über seine drolligen Späße.

Nomen + Artikel: eine Geburtstagsüberraschung, eine Decke, dem Arm, einen Zipfel, der Decke, den Dackel
Nomen + Adjektiv: wunderbare Geburtstagsüberraschung, letzten Geburtstag, dicke Decke, braune Dackelaugen, kleiner Dackel, drollige Späße
Nomen + Pronomen: meinem Geburtstag, meine Mutter, meiner Mutter, seine Späße
Nomen + Präposition: an … Geburtstag, mit (einer Decke), unter (dem Arm), ins (Zimmer), zur (Seite), in (zwei Dackelaugen), zum (Geburtstag), über (seine Späße)

2

Wörter auf -heit: Krankheit, Gesundheit, Trockenheit, Dunkelheit, Gemeinheit
Wörter auf -keit: Traurigkeit, Heiterkeit, Schwierigkeit, Feuchtigkeit, Ewigkeit
Wörter auf -nis: Geständnis, Erlaubnis, Ereignis, Erlebnis, Versäumnis
Wörter auf -ung: Bewerbung, Ordnung, Beleidigung, Überraschung, Sendung

3

a) Der Drachentöter war tapfer, unerschrocken und kühn. Seine Tapferkeit, Unerschrockenheit und Kühnheit waren sprichwörtlich.
b) Das Zimmer war schlicht, einfach, aber schön. Mich überraschten die Schlichtheit ebenso wie die Einfachheit und die Schönheit des Zimmers.
c) Nachdem der Einbrecher verhaftet worden war, wurde er vernommen. Nach der Verhaftung des Einbrechers erfolgte seine Vernehmung.

1.2 Aus Verben werden Nomen

1

Lesen macht Spaß

Im letzten Monat hatten wir eine Woche des Lesens in der Schule. Beim Vorstellen unserer Lieblingsbücher konnten wir viele neue Bücher kennen lernen. Abenteuerromane, Rittersagen und Tiergeschichten waren ebenso zu finden wie Märchen und Spukgeschichten. In den Leseräumen war lautes Sprechen verboten, aber in anderen Räumen konnten wir über das Gelesene sprechen. Am Schluss gab es einen Vorlesewettbewerb. Mein Vorlesen war nicht schlecht, aber fleißiges Üben könnte es sicher noch verbessern. Das gegenseitige Erzählen und Anhören der Geschichten war spannend und machte sogar mehr Spaß als Computerspielen und Fernsehen. Außerdem erfuhren wir nicht nur mehr über unsere Lieblingsbücher, sondern auch darüber, was die anderen Kinder in unserer Klasse denken und mögen.

2

a) Meine Oma trägt beim Lesen immer eine Brille.
b) Mein Vater braucht die Brille nur zum/beim Autofahren.
c) Zum Anschalten musst du diesen Knopf drücken.
d) Am Auswendiglernen kann es bei dir nicht liegen, wenn deine Noten so schlecht sind. Du musst etwas anderes falsch machen.
e) Ich habe keine Lust zum Aufräumen.

1.3 Aus Adjektiven werden Verben

1

Unsere Klasse ist ein bunt zusammengewürfelter Haufen. Das erkennt man schon daran, dass viel Buntes die Wände schmückt. An der Seite neben der Tür hat jeder Einzelne ein Foto von sich aufgehängt. Unsere Älteste heißt Mathilde. Sie ist nicht die Größte, sondern fast die Kleinste. Die allerkleinste Schülerin heißt Emily, aber wir nennen sie nur Emmy. Emmy ist im Turnen die Beste. Dann ist da noch Jana. Sie hält sich für die Schönste von allen, denn sie ist ein bisschen eitel. Das nervt manchmal. Aber sie ist auch die Hilfsbereiteste. Sie ist die Einzige, die immer Zeit hat, wenn wir sie um Hilfe bitten. Der Jüngste bei uns heißt Paul. Er hat im Allgemeinen die besten Ideen, wenn es darum geht, sich etwas Neues auszudenken. Das Verwirrende ist, dass er manchmal so viel Verrücktes erzählt, dass ihn keiner verstehen kann. Zum Witzigsten, was er so tut, gehören die Filmszenen, die er uns immer vorspielt. Das Lustigste, was er uns bisher geboten hat, war eine Verfolgungsjagd mit sich selbst. Alle, Große und Kleine, haben sich vor Lachen den Bauch gehalten.

2

a) Ich wünsche dir alles Gute zum Geburtstag.
b) In meinem Zeugnis stand viel Erfreuliches.
c) An diesem Aufsatz kann ich nichts Schlechtes finden.
d) Auf diesem Bild gibt es genug Buntes.
e) Du brauchst den Brief nicht zu lesen, er enthält ohnehin nichts Neues.
f) Ich habe dir von meinem Ausflug etwas Schönes mitgebracht.

1.4 Das Anredepronomen „Sie“

Liebe Frau Klein,
aus unserem Ferienort schicke ich Ihnen viele Grüße. Sicher haben Sie zu Hause nicht so schönes Wetter wie wir. Nächste Woche sind unsere Ferien leider schon wieder vorbei. Aber ich lade Sie und Ihre Schwester schon einmal zu meinem Geburtstag in vierzehn Tagen ein. Kann Ihre Schwester die Fotos von ihrem letzten Urlaub mitbringen? Ich werde Ihnen meine Fotos dann auch zeigen. Ich hoffe, sie werden schön! Es grüßt Sie

Ihre Anna Blume

Test

Eisbewohner im Frack: die Geheimnisse der Pinguine

Pinguine gehören zwar zu den Vögeln, aber sie können nicht fliegen.
Ihre Bewegungen an Land haben etwas Drolliges, weil ihr Watscheln immer ein wenig ungeschickt aussieht. Wer aber schon einmal Pinguinen beim Schwimmen zugesehen hat, weiß, dass das Wasser ihr eigentliches Element ist. Die Mühelosigkeit, mit der sie sich im Wasser fortbewegen, ist erstaunlich.

Warum aber haben sie ein so seltsames Federkleid, das ihnen immer etwas Auffälliges verleiht? In der Antarktis, ihrem wahren Lebensraum, ist ihre Färbung sinnvoll. Von der Meeresoberfläche hebt sich ihr schwarzer Rücken kaum gegen den dunklen Meeresgrund ab. Andererseits sind Pinguine von unten gegen die helle Wasseroberfläche auch nicht gut zu entdecken. Das ist also eine perfekte Tarnung.

In den niedrigen Temperaturen der Antarktis trotzen die Pingiune der Kälte durch Kuscheln, das heißt, sie drängen sich aneinander, um sich gegenseitig zu wärmen und um Körperwärme einzusparen.

Pinguinmännchen und Pinguinweibchen teilen sich beim Brüten und Füttern die Arbeit. Wenn die Jungen dann ihre kuscheligen Daunenfedern verlieren und durch einen wasserdichten Taucheranzug ersetzen, lernen sie das Wichtigste: Sie beginnen auf eigene Faust zu schwimmen.

Dehnung und Schärfung 2

2.1 Lang gesprochener Vokal mit Dehnungs-h

1

a oder ah?

der Vorname	die Aufnahme	der Kran
die Wahl	der Wal	der Maler

ä oder äh?

quälen	schälen	zählen
ähnlich	gähnen	die Träne

e oder eh?

der Herd	der Hering	angenehm
selig	vornehm	sehnen

o oder oh?

die Krone	das Ohr	der Chor
die Schuhsoh e	die Kohle	hohl

ö oder öh?

die Höhle	die Möhre	das Nadelöhr
fröhlich	strömen	versöhnen

u oder uh?

der Stuhl	der Urlaub	besuchen
der Zufall	das Blut	der Flur

ü oder üh?

kühl	kühn	die Gebühr
spüren	eigentümlich	berühren

2

Dehnungs-h	silbentrennendes h
zäh - len	se - hen
neh - men	dre - hen
befeh - len	verzei - hen
füh - ren	blü - hen
eh - ren	lei - hen
dröh - nen	dro - hen

2.2 Doppelvokale

1

D	G	F	**P**	A	O	Q	P	E	M	B	**W**	**A**	**A**	**G**	**E**	B
L	D	B	**A**	M	**B**	Q	R	**D**	**O**	**O**	**F**	P	K	Ö	W	**K**
C	B	D	**A**	D	**O**	Ü	K	A	B	X	S	A	A	L	W	**A**
H	**A**	**A**	**R**	A	**O**	**B**	**E**	**E**	**R**	**E**	A	N	**M**	D	R	**F**
L	D	B	C	M	**T**	Q	R	T	**S**	O	N	P	**O**	Ö	W	**F**
S	**T**	**A**	**A**	**T**	Ä	Ü	K	W	**E**	X	**Z**	**O**	**O**	L	W	**E**
S	**T**	**E**	**E**	**R**	A	O	Q	P	**E**	U	M	B	**S**	C	D	**E**

aa	ee	oo
Staat	Teer	Moos
Paar	See	Boot
Haar	Beere	Zoo
Waage	Kaffee	doof

2.3 Der lange i-Laut

1

i oder ie?

das Lied
widersprechen
gib
der Igel

das Augenlid
wiederholen
der Giebel
der Biber

der Riese
widerwillig
das Bier
die Wiese

die Biologie
das Knie
fotografieren
garantieren

die Garantie
das Klavier
studieren
trainieren

die Fotografie
die Lotterie
probieren
servieren

die Maschine
die Apfelsine
die Violine

die Lawine
die Sultanine
die Ruine

die Turbine
die Margarine
die Praline

2

Martina kommt wieder einmal ziemlich enttäuscht aus der Klavierstunde. Die Lieder, die sie hier üben muss, sind ihr sehr zuwider. Aber ihre Mutter sagt ihr jeden Tag, sie solle üben. Am liebsten würde sie ihr ja widersprechen, aber dann würde ihre Mutter ihr auch das Trainieren im Sportverein verbieten. Also gibt sie sich ihretwegen mit dem Klavierunterricht zufrieden und hofft, dass sie vielleicht eines Tages auch einmal die Musik spielen darf, die ihr liegt.

2.4 Kurz gesprochene Vokale

1

Held – hell
Gewinn – Gewinde

glatt – Glatze
sammeln – Samt

Wand – Wanne

2

Ebbe – Pudding – Roggen – Robbe – Bagger – Paddel – Widder – kribbeln – buddeln – krabbeln – Schmuggler

3

du schneidest	du schnittest	du hast geschnitten
er greift	er griff	er hat gegriffen
wir pfeifen	wir pfiffen	wir haben gepfiffen
ihr gleitet	ihr glittet	ihr seid geglitten
sie reiten	sie ritten	sie sind geritten

4

schmücken	drücken
Haken	Laken
Hitze	Spritze
heizen	geizen
Schmerz	Herz

Test

1

das Signal	das Organ	der Kanal
die Patrone	der Spion	die Chronik
die Zensur	die Frisur	die Kur
die Bibel	die Primel	der Kamin

2

Die Nordsee ist ein Randmeer des atlantischen Ozeans. In der Ostsee, einem Nebenmeer des Atlantik, kann nur an einer Stelle ein Wasseraustausch stattfinden. An dieser Meeresenge ist die Schifffahrt oft durch sehr hohe Wellen gefährdet. Bei Niedrigwasser, der Ebbe, läuft das Wasser aus dem Wattenmeer ab, bei Flut kehrt es zurück.

Ost- und Nordsee sind während der letzten Eiszeit entstanden. Damals war das gesamte heutige norddeutsche Tiefland von einer dicken Eisschicht bedeckt. Warm- und Kaltzeiten wechselten sich ab. In den Warmzeiten stieg die Temperatur an, das Eis schmolz. Die ablaufenden Schmelzwasser sammelten sich in den so genannten Urstromtälern, die quer zur heutigen Küste flossen.

Schon immer bezogen die Küsteneinwohner ihre Nahrung aus dem Meer. Auf Fangschiffen werden Heringe, Sprotten, Makrelen, Scholle, Heilbutt und Seezunge gefangen.

Die s-Laute

3

3.1 Stimmhaftes und stimmloses s

1

rissig	rassig	~~riesig~~	rußig
Raster	~~Raser~~	Raspel	Rassel
Soße	~~Sisal~~	Sessel	Süßigkeit
Gase	~~Gasse~~	Gräser	Käse
tosen	~~missen~~	reisen	lesen
Wespe	wispern	~~Wiese~~	wissen
~~Besen~~	bessern	Bester	beißen
Amsel	~~Hamster~~	Esel	Wiesel
heiß	weiß	Eis	~~leise~~
~~Masern~~	Masse	Maße	Muße

2

das Fass	die Fässer	der Preis	die Preise
die Maus	die Mäuse	das Glas	die Gläser
das Maß	die Maße	der Bass	die Bässe
der Gruß	die Grüße	der Kuss	die Küsse
der Kreis	die Kreise	das Gefäß	die Gefäße
der Kloß	die Klöße	der Biss	die Bisse
das Gleis	die Gleise	das Floß	die Flöße
das Ross	die Rösser	das Haus	die Häuser
der Greis	die Greise	der Spaß	die Späße
die Gans	die Gänse	der Guss	die Güsse
der Fuß	die Füße	der Vers	die Verse

3

Als ich gestern mit **dem Bus** nach Hause fuhr, fiel mir ein, dass ich **meinen Atlas** vergessen hatte. Ich wollte eigentlich nachschlagen, wo Kastilien liegt. Aber das kann ich zu Hause auch auf **dem Globus** nachsehen. Ich habe nämlich gelesen, dass man dort den **Krokus** anbaut, um aus ihm Safran zu gewinnen, das teuerste Gewürz der Welt. Die Ernte ist so mühselig, dass man **dieses Ereignis** mit einem großen Fest feiert und anschließend in einem Kochwettbewerb **das Ergebnis** gemeinsam kostet.

4

a) Die Donau **fließt** ins Schwarze Meer und mein Papierschiffchen **reist** jetzt donauabwärts, wenn es kein Fisch **frisst**.

b) Der alte **Griesgram verließ** das Haus vor einer Stunde. Er **hasst** es, lange zu warten.

3.2 Ein wichtiger Unterschied: das – dass

1

(A)= Artikel, (D)= Demonstrativpronomen, (R)= Relativpronomen

b) Das Haus in der Gartenstraße wird bald abgerissen. (A)
Ein Haus in der Gartenstraße wird bald abgerissen.

c) Das daneben bekommt dagegen einen neuen Anstrich. (D)
Dieses/Jenes daneben bekommt dagegen einen neuen Anstrich.

d) Ein Fahrrad, das kein Licht hat, ist nicht verkehrstauglich. (R)
Ein Fahrrad, **welches** kein Licht hat, ist nicht verkehrstauglich.

e) Das hier hat sogar eine Halogenlampe. (D)
Dieses hier hat sogar eine Halogenlampe.

2

Das Buch, **das** mir **das** Mädchen aus meiner Klasse geliehen hat, ist **das** Märchenbuch von Hans Christian Andersen. **Das** Märchen daraus, **das** mir am besten gefällt, heißt „**Das** hässliche junge Entlein". **Dass das** Märchen so berühmt geworden ist, ist kein Wunder. Es liegt sicher daran, **dass das** Entlein so sehr abgelehnt wird, **dass** jeder Mitleid mit ihm bekommt. **Das** ist eine Lage, in die jeder von Zeit zu Zeit einmal kommt, nämlich **dass** er das Gefühl hat, **dass** niemand ihn mag. Wenn man dann liest, **dass das** Entlein am Schluss **das** schönste Tier im ganzen Teich ist, **das** von Menschen und Tieren bewundert wird, dann ist **das** ein schönes Ende, **das** alle tröstet.

Test

1

s, ss oder ß? Entscheide dich für die richtige Schreibweise.

Wasser ist Leben
Ohne **Wasser** gäbe es kein Leben auf unserer Erde. Es ist **gewissermaßen** für das Leben, das wir kennen, **maßgeschneidert**.
Wir brauchen es von **außen**, wenn wir uns von Schmutz und **Schweiß** reinigen wollen. **Dass das** auch **Spaß** machen kann, sieht man schon bei kleinen Kindern. Und fast alle lieben es, in **Gewässern** wie **Flüssen** oder Seen zu baden.
Wasser benötigen wir noch dringender als **das Essen**. Menschen kommen im Notfall einige Tage ohne **feste** Nahrung **aus**, nicht aber ohne **Wasser**. **Lässt** man es weg, dann **verdursten** sie. Wenn wir nicht genügend **Flüssigkeit** aufnehmen, gerät unser **Wasserhaushalt** durcheinander und wir bekommen Probleme mit unserem **Kreislauf**.
Außerdem enthält alles, was wir **essen**, ebenfalls **Wasser**. **Obst** und **Gemüse** könnten **ebensowenig** ohne **Wasser** gedeihen wie die Tiere, von denen wir uns ernähren.
Weil in **gewissen** Teilen der Erde **Wassermangel** herrscht und es dort kaum **Süßwasservorräte** gibt, **müssen** sich die reicheren Länder darum kümmern, **dass** sich die **missliche** Lage der Menschen mithilfe der **Wissenschaft** verbessert.

2

Lieber Sascha,
vielen Dank für deinen letzten Brief. Ich freue mich mit dir, dass du dich jetzt nicht mehr länger an eine Diät halten **musst**. Du **weißt** schließlich selbst, wie sehr du es **hasst**, wenn du statt in einen Hamburger nur in eine rohe Möhre **beißt**, jeden Schokoriegel links liegen **lässt** und dir statt einer Limonade nur ein Glas Wasser **eingießt**. Wenn du nicht **vergisst**, dass du in Zukunft nicht zu viele Süßigkeiten **isst**, dann **schließt** du das Kapitel „Diät" bald für immer ab, **zerreißt** alle Fastenpläne und **genießt** ein ganz normales Leben, in dem du deine Erfolge nicht dauernd an deinem **Essverhalten misst**.
Gruß und **Kuss**
deine Tante Sophie

4 Leicht zu verwechselnde Laute

4.1 ai und ei

1

Brotlaib	Klaviersaite	Froschlaich
Vollwaise	Katzenhai	Feldrain
Hainbuche	Kaimauer	Laientheater
Maibaum	Kaiserkrönung	Maiskolben

2

a) Frösche laichen zu einer bestimmten Jahreszeit.
b) Ich habe auf die Rückseite des Abholscheins notiert, dass die Basssaite ersetzt werden soll.
c) Bei schönem Maiwetter halten sich alle gerne im Freien auf.
d) Sie nimmt an einem Laientheaterspiel teil, weil sie ihre Freizeit sinnvoll verbringen will.
e) In meiner Heimatstadt gibt es ein ehemaliges Waisenhaus, das einst ein reicher Wohltäter für verwaiste Kinder erbauen ließ.
f) Der Mais gehört ebenso zu den Getreidearten wie der Reis.

4.2 äu und eu

1

häufig – Haufen	Gräuel – das Grauen
Säugling – saugen	schäumen – Schaum
sich schnäuzen – Schnauze	Geräusch – rauschen

2

a) Heute Morgen wurde ich von einem ohrenbetäubenden Geräusch aus meinen Träumen geweckt.
b) Wir essen heute geräucherte Hirschkeule und anschließend Streuselkuchen.
c) Wenn du dich häufig schnäuzt, kannst du deine Nasenschleimhäute säubern.
d) Der Verkäufer räusperte sich und seufzte, bevor er sich zum Zustand des Gebäudes äußerte.

4.3 ä und e

1

a) behände - Hand

b) Kälbchen - Kalb

c) mächtig - Macht

d) Gärtner - Garten

e) Ärmel - Arm

f) schälen - Schale

g) Stängel - Stange

h) wärmen - warm

i) Bändel - Band

j) fälschen - falsch

2

Die Bären im Käfig sind schwerfällig und träge, sie sind nämlich zu sehr in ihrer Bewegungsfreiheit eingeschränkt. In freier Wildbahn sind sie flink und behände und dabei fähig, beträchtliche Strecken in kürzester Zeit zurückzulegen.

4.4. b,d,g - p, t, k

1

herb - herber
nebst - neben
Eid - des Eides
hart - harte
Park - parken
Zweig - Zweige
taub - taubstumm

es zirpt - zirpen
plump - plumpe
Pförtner - Pforte
Bank - Bänke
schräg - schräger
Raub - rauben
Wind - des Windes

Test

1

ai oder ei

Viele Kinder, die ein Musikinstrument erlernen wollen, können sich nicht gleich entscheiden. Die Wünsche reichen von der einfachen Blockflöte bis zur Orgel. Vielleicht kommt noch ein Streichinstrument wie die Geige oder ein anderes Saiteninstrument wie die Gitarre in Frage. Allerdings sind Geige und Orgel für den Laien nicht leicht zu erlernen.

ä oder e, äu oder eu

In vielen Fällen wählen die Eltern das Klavier. Es ist das gebräuchlichste Musikinstrument. Der Ton wird erzeugt, indem man über eine Taste ein Hämmerchen bewegt, das eine Saite anschlägt und zum Klingen bringt. Wer am Klavier seine Freude haben will, muss häufig üben. Das bedeutet, täglich einen strengen Plan einzuhalten. Viele Leute scheuen davor zurück.

2

a) Der Meisterdetektiv hat schon viele Fälle gelöst.
b) Früher sicherte man die Siedlungen, indem man Erdwälle aufschüttete.
c) Der Bote wollte für die Richtigkeit seiner Nachricht keine Gewähr übernehmen.
d) Die Lärche ist ein Baum, der im Winter seine Nadeln verliert.
e) An deiner Stelle würde ich es auch so machen.
f) Sie öffnete die Tür und machte eine einladende Geste.

3

b oder p

Wenn man ein Klavier geerbt hat, dann ist es selbstverständlich überhaupt kein Problem, gleich ein paar Melodien zu klimpern.

d oder t

Aber statt wertvolle Zeit zu vergeuden, sollte man sich lieber in der Stadt einen guten Klavierlehrer suchen. Der sorgt hoffentlich dafür, dass man bald ein Ständchen spielen kann.

g oder k

Zu Anfang ist es richtig mühselig, den ersten Versuchen des kleinen Klavierspielers zuzuhören. Aber bald wird er kein Neuling mehr sein, sondern flink seine Finger über die Tasten gleiten lassen, sodass die schönste Melodie erklingt.

Wörter trennen

5

1

Fuß/ball/mann/schaft – Glanz – Tor/schuss – Herz – Kopf/ball – Sport/schau – Schwimm/wett/kampf – Eis/lauf/paar – Schall – Schieds/richter – Schluss – Auto/rennen – Sieger/ehrung – Kranz – steht – Tief/schnee – Fahrt

2

glücklich: glück-lich
Wetter: Wet-ter
Wolke: Wol-ke
Woge: Wo-ge
Eltern: El-tern
Zappeln: zap-peln
Klammer: Klam-mer
Weise: Wei-se

lustig: lus-tig
heftig: hef-tig
schmutzig: schmut-zig
natürlich: na-tür-lich
knusprig: knusp-rig
Krapfen: Krap-fen
Straße: Stra-ße
Hilfe: Hil-fe

3

wiederholen – wie-der-ho-len
Verbesserung – Ver-bes-se-rung
entfliehen – ent- flie-hen
Lehrerin – Leh-re-rin
Moorpflanzen – Moor-pflan-zen
<u>oder</u> –
Kutscher – Kut-scher
Mikrophon – Mi-kro-phon
Ladentheke – La-den-the-ke

<u>Igel</u> –
Vorschläge – Vor-schlä-ge
<u>Laie</u> –
<u>Abend</u> –
knistern – knis-tern
Dusche – Du-sche
Rache – Ra-che
Katze – Kat-ze
<u>Efeu</u> –

4

Bilder-Silbenrätsel

a) Li-mo-na-de
b) Un-ge-heu-er
c) Fra-ge-zei-chen
d) Tep-pich-rol-le
e) But-ter-do-se
f) Ar-tis-tin
g) Li-ne-al
h) Lam-pi-on
i) Olym-pia-de
j) Nach-ti-gall

Dein Lösungswort lautet: **Luftballon**

1 Wortarten

1.1 Das Nomen und seine Formen

1/2

DER UNVERSCHÄMTE PASSAGIER

WÄHREND EINER FLUGREISE FÄLLT EIN AMERIKANISCHER PASSAGIER DURCH SEINE ÜBERHEBLICHKEIT AUF. AUSSERDEM ÄUSSERT ER STÄNDIG SONDERWÜNSCHE UND SCHNAUZT DIE STEWARDESSEN UNHÖFLICH AN. ALS DAS MITTAGESSEN SERVIERT WIRD, GERÄT DAS FLUGZEUG IN TURBULENZEN. ALS DIE STEWARDESS DEM AMERIKANER EINE GEFÜLLTE SUPPENTASSE REICHEN WILL, SCHWAPPT EIN TEIL DES INHALTS ÜBER SEINE KRAWATTE. DER PASSAGIER LÄSST SEINEM ZORN FREIEN LAUF UND AKZEPTIERT AUCH NICHT DEN GUTSCHEIN, DEN DIE FLUGGESELLSCHAFT IN EINEM SOLCHEN FALL BEREITSTELLT. DA ERHEBT SICH AUS DER HINTERBANK EIN ANDERER AMERIKANISCHER FLUGGAST, DRÜCKT DEM UNVERSCHÄMTEN LANDSMANN EINEN HUNDERTDOLLARSCHEIN IN DIE HAND UND SAGT: „DAS IST FÜR DEN REST!" DARAUFHIN LEERT ER NUN DIE GESAMTE SUPPENTASSE ÜBER DEM KOPF DES NÖRGLERS AUS.

3

a) Kiefer: der Kiefer, ein Kiefer – die Kiefer (Baum), eine Kiefer
b) Tor: das Tor, ein Tor – der Tor (törichter Mensch), ein Tor
c) Leiter: die Leiter, eine Leiter – der Leiter, ein Leiter
d) Heide: die Heide, eine Heide – der Heide (ungetaufter Mensch), ein Heide
e) Kunde: der Kunde, ein Kunde – die Kunde (Nachricht), eine Kunde
f) Tau: das Tau, ein Tau – der Tau (Feuchtigkeit am Morgen)

4

a) Kellner, k.V.;
b) Fenster, k.V.;
c) Muskeln, E;
d) Männer U+E;
e) Muster, k.V.;
f) ~~Obst~~;
g) Flöße, U+E;
h) Flossen, E;
i) ~~Hass~~ ;
k) Dienste, E;
l) Blöcke, U+E, Blocks, E;
m) Parks, E;
n) Läden, U

5

a) „Gefahren der Tiefsee“, [G] Genitiv

b) „Der Vater der Braut“, [N] [G] Nominativ, Genitiv

c) „Dem Dschungel entronnen“, [D] Dativ

d) „Hörst du den Schrei?“, [A] Akkusativ

1.2 Das Adjektiv

1

Liebe Lara,
stelle dir einen **endlosen, langen, sandigen** und **menschenleeren** Strand vor. Am **frühen** Morgen ist es schon sehr **warm**, aber **wunderbar still**. Später wird er allerdings von **zahlreichen, lauten** Familien überfallen.

2

Aber dann sind wir schon längst wieder zurück in unserem versteckt**en** Dorf im schattig**en** Hinterland, dessen freundlich**e** Bewohner uns knusprig**es** Brot, saftig**e** Tomaten und würzig**en** Käse verkaufen. Schade, dass dieser wunderschön**e** Urlaub bald vorbei ist.

Viele sonnig**e** Grüße schickt dir

deine Kathrin

3

Positiv	Komparativ	Superlativ
gut	besser	am besten
rund	–	–
kalt	kälter	am kältesten
nackt	–	–
stumm	–	–
schwer	schwerer	am schwersten
klug	klüger	am klügsten
lustig	lustiger	am lustigsten

1.3 Das Pronomen

1

a) Das Klavier, b) (mein) Zeugnis, mit (meinem) Zeugnis

2

a) Teile **dein** Taschengeld besser ein.
b) Wir haben **unsere** Eltern um Erlaubnis gebeten.
c) Ich brauche noch Vogelsand für **meinen** Wellensittich.
d) Tom sucht schon seit zwei Stunden nach **seinem** Geldbeutel.
e) Warum habt ihr **eure** Freunde vernachlässigt?

3

		Nominativ	Genitiv	**Dativ**	**Akkusativ**
Singular	1. Person	**ich**	meiner	**mir**	**mich**
	2. Person	du	**deiner**	dir	**dich**
	3. Person maskulin	er	**seiner**	**ihm**	ihn
	3. Person feminin	**sie**	ihrer	**ihr**	**sie**
	3. Person neutrum	es	seiner	**ihm**	**es**
Plural	1.Person	**wir**	unserer	**uns**	uns
	2. Person	ihr	eurer	**euch**	**euch**
	3. Person	**sie**	ihrer	**ihnen**	sie

1.4 Die Präposition

1

räumliches Verhältnis	zeitliches Verhältnis	Verhältnis der Art und Weise	Begründung
- vor dem Auto - zur Schule - in sein Zimmer	- während - seit gestern - um 10 Uhr	- mit Erfolg - auf Türkisch	- wegen des Gewitters - vor Aufregung

2/3

Nachdem ich in der Bibliothek von Mexiko City eine Karte entdeckt hatte, auf der ein Tempel mitten im Dschungel eingezeichnet war, fand ich keine Ruhe mehr. Vor vielen Jahren hat man dort einen Goldschatz versteckt, den noch niemand entdeckt hat. Aber nach genauesten Studien wusste ich, wo ich zu suchen hatte und bereitete meine Suche sorgfältig vor. Nach einer Woche habe ich mich nun durch den Dschungel gekämpft. Und nun bin ich am Ort meiner Sehnsucht angelangt. Morgen vor/nach Sonnenaufgang werde ich mit dem Graben beginnen und mich nicht von den Gefahren dieser Wildnis aufhalten zu lassen. Auch wenn dieses Fauchen und Zischen in dem Gebüsch mir ernsthafte Sorgen bereitet. …

Test

1

a) Volk, Löcher, Familie, Möbel, Tisch, Herd = Substantive
b) schick, kostbar, einfach, arm, lieb, reich = Adjektive
c) der, ein, eine, die, das, den = Artikel
d) ich, du, dir, wir, sie, ihr = Pronomen

2 a) und b)

Zum Frühstück aß man im alten Rom Oliven (A), Käse (A) oder vielleicht ein Ei. Das Brot (N) holte man sich vom Bäcker (D). Aber vielen Menschen (D) war dies zu teuer. Getreidebrei (N) war der Hauptbestandteil der Ernährung (G) der meisten Menschen (G). Am Abend mischte man Zwiebeln (A), Fisch oder Gemüse dazu. Mittags aß man die Reste (A) des Vortags. (G)
Der Wein (N) wurde mit viel Wasser (A) verdünnt. Und diesem Getränk (D) setzte man merkwürdige Beigaben (A) zu wie z. B. Asche, Gips oder Sirup.

3

a) folglich b) reiben c) entlang d) bald

4

a) „Jetzt habe ich schon wieder **meinen** Taschenrechner vergessen, kannst du mir **deinen** leihen?" „Da muss ich **dich** leider enttäuschen, man hat **mir** **meinen** gestern geklaut."
b) Marcel ärgerte sich fürchterlich. **Er** konnte nicht glauben, dass **er** **seine** Fußballschuhe und auch noch die Stoppuhr **seines** Vaters vergessen hatte.
c) „Liebe Schüler, **wir** begrüßen **euch** sehr herzlich in **unserem /eurem** neuen Schulhaus und hoffen, dass **ihr** im kommenden Schuljahr wenig Ärger mit **euren** Lehrern haben werdet.

5

Nach/vor den Ferien haben wir im Unterricht ein tolles Experiment gemacht: Man stülpt einen Luftballon über den Hals einer beliebigen Flasche, die man vorher erwärmt hat. Beim Abkühlen der Flasche wird der Luftballon ins Innere gezogen. Wegen der abgekühlten Luft, die in der Flasche eingeschlossen ist, bläst sich der Luftballon dort wieder auf.

Präpositionalausdrücke mit Ortsangabe: rot unterstrichen
Präpositionalausdrücke mit Zeitangabe: blau unterstrichen
Präpositionalausdrücke der Art und Weise: schwarz unterstrichen

Eine Wortart für sich: Verben 2

2.1 Die Personalform des Verbs

1/2

Wenn du mir deinen Schokoriegel **gibst**, **gebe** ich dir meine Bananenmilch. Stefan **gibt** uns etwas von seinem Schnitzelbrötchen ab. Schließlich **geben** wir ihm immer unsere Hefte, wenn er die Hausaufgaben abschreiben will. Und wenn er sagt: „Ihr **gebt** mir immer nur die Hausaufgaben, wenn ihr selber nicht wisst, ob sie richtig sind", dann sagen wir: „Dann **geben** dir die Lehrer jedenfalls keinen Verweis."

3

1. Person Singular ich	werfe **klingele** **bleibe**	**1. Person Plural** wir	werfen **klingeln** **bleiben**
2. Person Singular du	**wirfst** **klingelst** **bleibst**	**2. Person Plural** ihr	**werft** **klingelt** **bleibt**
3. Person Singular er, sie, es	**wirft** **klingelt** **bleibt**	**3. Person Plural** sie	**werfen** **klingeln** **bleiben**

4

a) du liest
b) sie malen
c) wir trinken
d) er, sie, es isst
e) ich höre

5

du boxt: 2. Person Singular
er reitet: 3. Person Singular
wir fechten: 1. Person Plural
ich jogge: 1. Person Singular
sie rudern: 3. Person Plural

6

Wenn meine Mutter **arbeitet**, **helfen** wir im Haushalt: Stefanie **erledigt** den Abwasch, und ich **putze** das Bad. Vielleicht **hast** du es besser, denn deine Eltern **leisten** sich eine Haushaltshilfe. Aber dafür **kennt** ihr nicht das Gefühl, ein Team zu sein. Es **bedeutet** uns sehr viel, zusammenzugehören.

2.2 Verbarten

1

Nach dem letzten Schultag vor den Sommerferien wirft Kai seine Schultasche zunächst in eine Ecke, wo sie auch die nächste Zeit bleiben wird. Puh, er hat gerade noch einmal das Schuljahr geschafft. Nun liegt er auf seinem Bett. Draußen regnet es, und seine Stimmung sinkt. Soll er mit seinen Freunden ins Hallenbad gehen oder die nächsten Stunden vor der Playstation sitzen? Da klingelt das Telefon, und sein großer Bruder bittet ihn, bei der Obsternte zu helfen.

Infinitiv	Präteritum	Perfekt
Starke Verben		
werfen	warf	geworfen
liegen	lag	gelegen
sinken	sank	gesunken
gehen	ging	gegangen
sitzen	saß	gesessen
bitten	bat	gebeten
helfen	half	geholfen
Schwache Verben		
schaffen	schaffte	geschafft
regnen	regnete	geregnet
klingeln	klingelte	geklingelt
Verb mit gemischter Konjugation		
bleiben	blieb	geblieben

2.3 Das Tempus

1

Wenn du eine tiefgefrorene Pizza **zubereitest**, **muss** zunächst der Backofen vorgeheizt sein. Wenn die Temperaturanzeige 180 Grad **angibt**, **schiebst** du die Pizza in den Ofen. Meine Gäste **bevorzugen** eine knusprige Pizza. Deswegen **gieße** ich immer etwas Öl auf den Belag. Erst wenn ich **sehe**, dass der Käse geschmolzen ist, **hole** ich die Pizza aus dem Ofen. Dann **stürzen** wir uns heißhungrig auf die Mahlzeit.

2

Am gestrigen Montag **kam** es zu einem Unfall auf dem Zebrastreifen vor der Goetheschule. Als ein Schüler gerade die Straße **überquerte**, **näherte** sich ein Radfahrer mit hoher Geschwindigkeit. Obwohl der Fahrer noch **bremste**, **riss** er den Schüler zu Boden und **verletzte** ihn an der Schulter. Danach **rannte** er weg. Das Fahrrad **ließ** er **liegen**. Die herbeigerufene Polizei **nahm** den Vorgang zu Protokoll.

3

a) An der Pinwand **hing** tagelang der veraltete Stundenplan. Dann erst **hängte** der Klassenlehrer den neuen auf.

b) Früher **erschreckte** mich meine Mutter häufig, wenn sie sagte: „In diesem Jahr fällt Weihnachten aus." Gestern **erschrak** ich, weil es nur noch eine Woche bis zum Fest ist und ich noch keine Geschenke gekauft habe.

c) Das Glück der Krieger **wendete** sich, und der König **wandte** sich an sie, um ihnen Mut zuzusprechen.

4

Gestern habe ich einen Unfall **erlebt**. Ich bin gerade über den Zebrastreifen bei der Schule **gelaufen**, als ein Radfahrer herangerast kam. Ich bin schnell **zurückgesprungen**, aber Benni hat das Rad nicht so schnell **gesehen**.

5

Mir sitzt jetzt noch der Schreck in den Knochen. Denn glücklicherweise <u>hat</u> der Radfahrer noch <u>gebremst</u>. Benni <u>ist</u> zwar <u>hingefallen</u>, aber er <u>hat</u> nur einen Stoß an seiner Schulter <u>abbekommen</u>. Der Radler ist dann <u>weggerannt</u> und <u>hat</u> sein Rad <u>liegen gelassen</u>. Kurze Zeit später ist die Polizei <u>eingetroffen</u> und <u>hat</u> den Vorgang zu Protokoll <u>genommen</u>. Ich bin wirklich froh, dass die Sache so gut <u>ausgegangen ist</u>.

6

a) ich habe geschrieben b) du bist gegangen c) sie haben gelacht
d) wir sind gestiegen e) ihr habt gerufen f) sie ist gefahren

Test

1

Ziehe die richtigen Verbindungsstriche zwischen den Personalformen

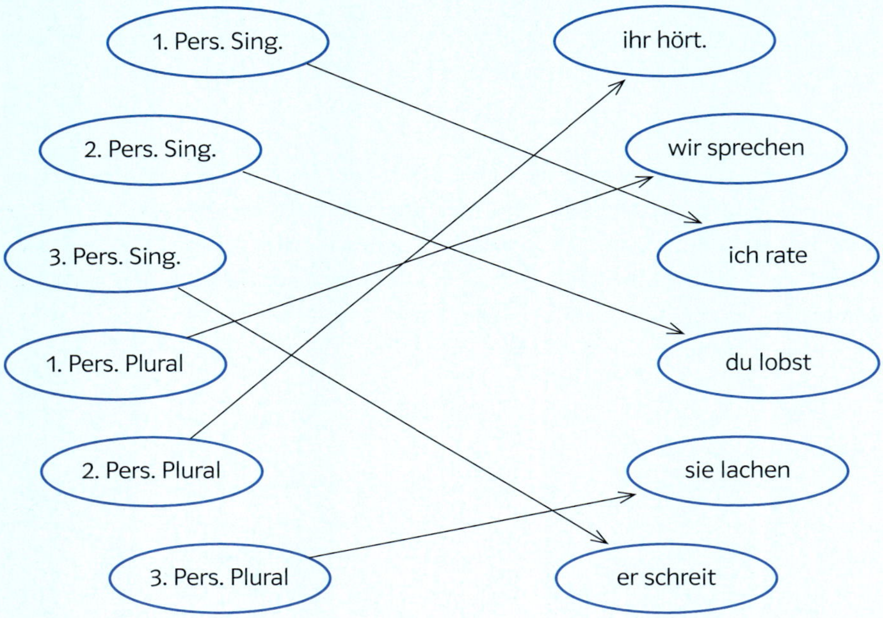

2

Ergänze die Stammformen

Infinitiv	Präteritum	Partizip Perfekt
klauen	**klaute**	**geklaut**
stehlen	stahl	**gestohlen**
entwenden	**entwendete**	entwendet

3

starke Verben = rot, schwache Verben = blau, unregelmäßige Verben = grün

Mein Vater hat ein paar merkwürdige Gewohnheiten. Morgens denkt er sich unter der Dusche immer Witze aus. Wenn er sie dann am Frühstückstisch erzählt, finden wir sie nicht immer komisch. Dann ist er sauer und holt die Zeitung hervor. Meistens liest er dann etwas Lustiges vor, und wenn wir dann darüber lachen, bekommt er wieder gute Laune. Dann verlässt er pfeifend das Haus.

4

Mein Vater **hatte** ein paar merkwürdige Gewohnheiten. Morgens **dachte** er sich unter der Dusche immer Witze aus. Wenn er sie dann am Frühstückstisch **erzählte**, **fanden** wir sie nicht immer komisch. Dann **war** er sauer und **holte** die Zeitung hervor. Meistens **las** er dann etwas Lustiges vor, und wenn wir dann darüber **lachten**, **bekam** er wieder gute Laune. Dann **verließ** er pfeifend das Haus.

5

1. Wir haben uns gerade eine Pizza warm gemacht, weil wir so großen Hunger haben.
2. Meine Katze hat eine Wunde am Fuß, weil sie in einen Dorn getreten ist. Sie hat sich aber sehr gewehrt, als ich ihn herausziehen wollte.
3. Mein Vater hat erst nicht geglaubt, dass ich heute zwei Tore geschossen habe. Aber jetzt ist er stolz auf mich.

3 Satzarten

1

a) Isst du gerne einen Döner? b) Iss deinen Döner! c) Ein toller Döner!

2

Leila = Aussage; Rafael = Frage; Nele = Aufforderung; Tufan = Ausruf

3

Beim letzten Klassenausflug besuchte die 5c mit ihrer Klassenlehrerin den Zoo. „Wir schauen uns zuerst gemeinsam die Fütterung der Delfine an. Habt ihr Lust dazu?“, fragte Frau Seibold. Die meisten Kinder waren einverstanden. „Und dann gehen wir zu einer Vorführung bei den Elefanten.“ „Aber wir wollen unbedingt die Eisbären sehen!“, riefen Andreas und Steffi. „Das ist kein Problem“, meinte Frau Seibold. „Ihr sollt euch sowieso eine Tierart aussuchen und später darüber Informationen sammeln.“
Steffi und Andreas beobachteten lange das Eisbärenpaar mit seinem Jungen. „Sind die nicht goldig?“, sagte Steffi zu Andreas. „Du bist vielleicht lustig“, erwiderte er. „Die Eisbären gehören zu den gefährlichsten Raubtieren auf der Erde. Ein Schlag mit der Tatze reicht, um einen Menschen zu töten!“ Jetzt war Steffi froh über das hohe Gitter und den tiefen Graben zwischen den Eisbären und ihr.

Die Satzglieder 4

4.1 Subjekt und Prädikat

1

a) Der Topf glänzt.
b) Die Katze säubert sich.
c) Die Klasse ärgert sich.
d) Die Milch kocht über.
e) Tina freut sich.
f) Der Lautsprecher dröhnt.

2

a) In der Aula | warten | die Schüler.
b) Der Postbote | kommt | täglich.
d) Die Krokusse | blühen | im Park.
d) Seit Stunden | regnet | es.

3

Subjekt = rot, Prädikat = blau

An der Tafel

Die arme Tina schwitzt. Der strenge Lehrer fragt. Die Schülerin wundert sich. Der Knoten platzt. Die Klasse klatscht. Die erleichterte Tina atmet auf. Sie setzt sich.

4

a)	Wer oder was?	Tina	Was geschieht?	hat (es) geschafft
b)	Wer oder was?	Die Vokabeln	Was geschieht?	verschwinden
c)	Wer oder was?	Die Matheaufgaben	Was geschieht?	erfüllen
d)	Wer oder was?	Sie	Was geschieht?	kann nicht vortragen
e)	Wer oder was?	Sie	Was geschieht?	hatte (Glück).

4.2 Das Objekt

1

a) die DVD
b) eine Anzeige
c) Für Jugendliche
d) für euch
e) ihn, uns
f) eine bessere Idee
g) das Auto

2

a) Markus öffnet seinem Vater die Tür.
b) Lisa schenkt ihrer Freundin ein Buch.
c) Herr Klein gibt seinen Schülern gute Noten.
d) Theresa erzählt ihrer Mutter ein Geheimnis.

3

a) Die Antwort fällt den müden Schülern nicht ein.
b) Sie dankte ihrer besten Freundin für den Anruf.
c) Der Sanitäter half dem Verletzten aus dem Wagen.
d) Der Schnorchel dient dem Taucher zum Atmen.

4.3 Die adverbiale Bestimmung

1

a) In den Osterferien waren Tina und Kai mit ihren Eltern in Barcelona.
b) Abends geht mitten in der Stadt das Leben erst richtig los!
c) Begeistert schauen die Kinder einem bunten Treiben zu.

2

a) adverbiale Bestimmung der Zeit
b) adverbiale Bestimmung des Ortes
c) adverbiale Bestimmung der Art und Weise

3

adverbiale Bestimmung der Zeit = rot, adverbiale Bestimmung des Ortes = blau, adverbiale Bestimmung der Art und Weise = grün

Innerhalb eines großen Menschenkreises steht ein Feuerschlucker. Jetzt saugt er die Flamme tief in seinen Mund, und Tina stöhnt laut auf.
Ein Jongleur wirbelt geschickt Tassen, Teller und Besteck in der Luft herum. Auf einer Staffelei zeichnet ein Maler in Windeseile das Portrait eines Passanten. Plötzlich ertönt ein lautes Gelächter: Ein junger Mann stolziert mit wackelndem Schritt einer dicken Dame hinterher, die davon nichts bemerkt. „So eine Gemeinheit!" denkt sich Tina ärgerlich.

4

adverbiale Bestimmung des Grundes = rot,
adverbiale Bestimmung des Mittels = blau,
adverbiale Bestimmung des Zwecks = grün

Wegen des langen heißen Sommers kann sich Kerstin nun richtig auf den Herbst und Winter freuen. Sie hat sich schon Gedanken zur Vorbereitung von Halloween gemacht. Zuerst wird sie sich mithilfe einer Maske und einer Perücke schauerlich verkleiden. Mit dieser Erscheinung wird sie zunächst ihre kleinen Geschwister ordentlich erschrecken und später mit ihren Freunden durch die Nachbarschaft ziehen. Wegen ihres Furcht erregenden Aussehens werden sie sicherlich genug Schokoriegel und Kaugummi einsammeln. Zur Steigerung ihrer Wirkung werden sie noch Kerzen mit sich tragen.

Test

1

Subjekt = rot, Prädikat = blau

An der Kinokasse steht eine lange Menschenschlange. Ein kleines Mädchen hüpft ungeduldig hin und her. „ Wann kommen wir endlich rein?" Ihre Mutter bittet sie genervt um Geduld. Endlich stehen die beiden vor dem Verkäufer.

2

Akkusativobjekt= blau, Dativobjekt= rot

Aber sie haben **großes Pech**. Gerade hat er die **letzte Karte** **einer älteren Dame** verkauft. Das kleine Mädchen bricht in **Tränen** aus. Aber dann wird die Mutter von **einem jungen Mann** angesprochen. „Meine beiden Freunde haben mich gerade angerufen, weil sie nicht kommen können. Ich würde **die zwei Karten** gerne verkaufen." Dankbar gibt die Mutter **dem netten Mann** **das Geld**.

3

Steffis Vater wollte seiner Tochter **(DO)** einen Kuchen **(AO)** backen. Es war sein erster Versuch, aber er ist ihm **(DO)** nicht geglückt. Nach einer Stunde entnimmt er dem Backofen **(DO)** ein schwarzes, formloses Gebilde **(AO)**.Vielleicht schmeckt den Gästen **(DO)** eine Torte vom Supermarkt **(AO)**? Aber dieser Rettungsversuch gelingt Steffis Vater **(DO)** auch nicht. Er will sie **(AO)** den Kindern **(DO)** servieren, aber sie rutscht ihm **(DO)** vom Teller. Platsch! Den Gästen **(AO)** wäre beinahe der Appetit vergangen. Da fällt dem Vater **(DO)** etwas ein.
„Steffi, such mir **(DO)** bitte die Pizzaservice-Telefonnummer **(AO)** heraus!" Bald hört man den Lieferanten **(AO)** an der Tür klingeln. Er übergibt Steffis Vater **(DO)** einen ziemlich großen Karton **(AO)** Ein herrlicher Duft steigt aus ihm **(DO)** empor. Und den Kindern **(DO)** schmeckt die Riesenpizza prima. Sie gratulieren ihrer Freundin **(DO)** zu ihrem einfallsreichen Vater.

4

Im Kino hat sich in der Zwischenzeit die ältere Dame zum Popcorn-Tresen begeben. Energisch drängt sie sich nach vorne. Bald hält sie eine Supertüte süßes Popcorn im Arm. Plötzlich stößt unglücklicherweise ein Mann gegen ihre Schulter. Hunderte von Popcornbällchen hüpfen auf den Boden. Wegen dieses Ärgernisses fängt sie an zu schimpfen. Aber der Mann hat zu ihrer Beruhigung schon einen Besen besorgt. Mit dem ist das Unglück schnell beseitigt.

Adverbiale Bestimmung

des Ortes:	Im Kino, zum Popcorn-Tresen, nach vorne, im Arm, gegen ihre Schulter, auf den Boden
der Zeit:	in der Zwischenzeit, bald
der Art und Weise:	energisch, plötzlich, unglücklicherweise
des Grundes:	Wegen dieses Ärgernisses
des Zwecks:	zu ihrer Beruhigung
des Mittels:	Mit dem (Besen)

Zeichensetzung 5

1

Lisa sagte: „Warum müssen wir schon wieder nach Hause gehen? Es gibt doch noch so viele interessante Sachen zu sehen!" „Weil es gleich zwölf ist und weil wir deinetwegen nicht das Mittagessen verpassen wollen", lachte Clara. Sie fügte hinzu: „Wir können ja heute Nachmittag noch einmal hierher kommen." „Aber wenn wir wiederkommen", antwortete Lisa, „dann müssen wir unbedingt zu dem Andenkenladen am Marktplatz gehen. Ich habe da nämlich ein süßes Geschenk für meine kleine Schwester gesehen." „Wer denkt denn jetzt schon an Mitbringsel?", rief Clara. „Du wirst sehen", erwiderte Lisa, „dass die Woche ganz schnell vorbei ist." Plötzlich blieb Clara stehen. „Wir dürfen nicht vergessen", sagte sie leise und sah sich nach den anderen um, „dass wir zum Abschluss ein richtig großes Überraschungs-Abschiedsfest feiern wollen." „Na prima!" flüsterte Lisa ihr zu, „dann besorgen wir heute gleich die Dekoration dafür."

2

a) Es regnete, blitzte **und** donnerte.
b) Bei der Feier gab es Apfelsaft, Orangensaft **und** Wasser.
c) Im Urlaub will sie faulenzen, Bücher lesen, im Meer schwimmen **und** vielleicht noch tauchen lernen.

3

Nach einem langen heißen Sommer freut sich Kerstin nun auf den Herbst und auf den Winter. Zu Halloween wird sie mit Kathi, Mareike und Hannes in der Nachbarschaft von Tür zu Tür gehen. Sie haben sich dann als Geister, Gespenster oder Gehängte schauerlich verkleidet. Und natürlich hoffen sie auf allerlei Gaben: Schokoriegel oder Kaugummi, Gummibärchen oder Lakritze. Später beginnt dann die hoffentlich ruhige, gemütliche Adventszeit. Sie wird ihrer Mutter beim Plätzchenbacken, Kerzenziehen und Auswählen der Geschenke helfen. Schließlich kann man sich dann auch auf die Ferien, den Heiligen Abend und die Weihnachtstage freuen. Ihre Wunschliste ist schon lang: Ein Computerspiel, ein neuer Schulrucksack und ein Tagebuch stehen dort ganz oben.

Test

1

Gregor hat ein Problem. Er hat kein Taschengeld mehr. Es ist zwar erst der zehnte Mai, aber er hat alles schon vorher ausgegeben. Jetzt geht er zu seiner Schwester Anna und fragt: „Könntest du mir etwas Geld leihen?" „Wieso", fragt Anna zurück, „brauchst du Geld? Es hat doch erst neulich Taschengeld gegeben." „Ich musste doch noch das Muttertagsgeschenk kaufen", antwortet er. „Also gut, ich gebe dir bis zum nächsten Monat etwas, und du übernimmst dafür meinen Küchendienst", willigt Anna ein. Zähneknirschend stimmt Gregor zu und macht sich an den Abwasch.

2

Vor dem Kinosaal haben sich nun viele erwartungsvolle, ungeduldige Kinder versammelt. Sie müssen noch Ruhe und Geduld bewahren. Endlich öffnet sich die Tür, und die Kinder drängeln, schubsen und zwängen sich auf die Plätze. Aber erst müssen sie noch viele langweilige Werbespots über sich ergehen lassen. Dann ertönt der lang erwartete, sanfte Gong. Die dunklere Beleuchtung, der sich öffnende Vorhang und die Titelmelodie kündigen den Beginn des Films an.

Verfassen von Texten

Erzählen 1

1.1 Erlebniserzählung

1

c)

2

Der Gegensatz von „normalerweise" und „aber gestern" sowie der Gegensatz von „nicht sehr ereignisreich" und „gar nicht langweilig, aber auch ziemlich dumm" erweckt Neugier beim Leser.

3

a)

Erzählschritt 1: Matthias stöbert in Kleinschroths Sperrmüll herum.
Erzählschritt 2: Er entdeckt viele interessante Gegenstände.
Erzählschritt 3: Zuhause stellt er fest, dass er seinen Rucksack beim Sperrmüll vergessen hat.
Erzählschritt 4: Er sieht noch, wie das Müllauto samt Sperrmüll und Rucksack wegfährt.

b) „Und," fragte sie, „willst du jetzt vielleicht die Hausaufgaben machen?" Aber wo war mein Rucksack? Du lieber Gott!

4

a) riesig b) stöberte c) packte d) rannte e) raste

5

Ausrufesätze = rot, wörtliche Rede = blau, Fragen = grün

Dass die Kleinschroths umziehen würden, wusste ich, und ich wunderte mich nicht, dass ein riesiger Berg von Sperrmüll sich vor ihrem Haus türmte. Was da nicht alles dabei war! Ein kleines Aquarium, das noch völlig in Ordnung zu sein schien! Ein Mikroskop, bei dem nur ein paar Schrauben fehlten und vor allem ein ganzer Stapel alter Micky-Maus-Hefte! Kein Wunder, dass ich meinen Schulrucksack ablegte und

eine Weile dort herumstöbern musste. Und Herr Kleinschroth hatte auch gar nichts dagegen, dass ich mir etwas mitnahm, was ich mir nicht zweimal sagen ließ. Und so packte ich die Heftchen und das Mikroskop in das Aquarium und rannte nach Hause.
Meine Mutter staunte nicht schlecht, als sie meine ganzen Schätze sah.
„Und," fragte sie, „willst du jetzt vielleicht die Hausaufgaben machen?"
Aber wo war mein Rucksack? Du lieber Gott!
Ich raste zurück zu Kleinschroths Sperrmüll: Der gesamte Bürgersteig war leer geräumt! Und das Müllauto, das gerade wegfuhr, hatte nicht nur kaputte Stühle und zerbrochene Waschbecken mitgenommen, sondern auch meinen Rucksack mit allen Schulsachen.

6

So könnte der Schluss von Matthias' Geschichte lauten:
Dass diese gesamte Aktion ein völliger Reinfall war, fand ich heraus, als ich später entdeckte, dass das Aquarium leckte, dem Mikroskop wichtige Verstellrädchen fehlten und man die Micky-Maus-Hefte nicht lesen konnte, weil die Seiten total verklebt waren. So schnell werde ich mich nicht mehr in irgendeinen Sperrmüll-Haufen werfen.

1.2 Fantasieerzählung und Reizwortgeschichte

1

Das Handy könnte kaputt sein oder immer falsche Telefonnummern anrufen.

2

b), c), a)

3

Die wörtliche Rede macht die Erzählung lebendig.
a) Meine Mutter war ziemlich blass, als sie mir das Handy gab und mich bat, die SMS „Fröhliche und friedliche Weihnachten, liebe Schwester" an meine Tante Maria zu schicken. Das tat ich auch, aber es dauerte nicht lange, bis meine Tante zurückrief. „Was hast du dir denn dabei gedacht?", rief sie ins Telefon. „Gerade habe ich eine SMS bekommen mit der Nachricht „Fürchterliche, frostige und freudlose Weihnachten, du schwierige Schwester!"

b) Am Weihnachtsmorgen wurde sie von einem schrillen Ton geweckt. „Aufstehen gnädige Frau!“, schrie das Handy neben ihrem Bett. „Die Kinder müssen zu Schule, das Frühstück muss gemacht werden! Also los!“ Erschrocken klappte meine Mutter das Handy auf und sah eine ärgerliche Fratze auf dem Display. Schnell schaltete sie es aus und glaubte, einen bösen Traum gehabt zu haben.

c) Später rief sie unsere Großmutter an und wollte ihr von dem gelungenen Weihnachtsabend erzählen. Aber kaum hatte sie ihr von dem Festbraten vorgeschwärmt, schrie das Handy dazwischen: „Stimmt doch gar nicht, der Braten war verbrannt, das Gemüse total verkocht, und für die Nachspeise hat die gnädige Frau Salz statt Zucker verwendet!“

4

1. Das Handy weckt die Mutter und zeigt auf dem Display eine Fratze.
2. Es unterbricht ein Gespräch und gibt selbstständig Kommentare.
3. Es verändert SMS-Botschaften.

5

b)

6

Die „unmöglichen“ Vorgänge könnten wegen einer „möglichen“ Verschmutzung passiert sein.

7

a) = Erlebniserzählung
b) = Fantasiegeschichte
c) = Fantasiegeschichte
d) = Erlebniserzählung
e) = Fantasiegeschichte
f) = Erlebniserzählung

8

b)

1.3 Die Bildergeschichte

1

a) HS = Handlungsschritt

HS 1: Es müssen noch Weihnachtsgeschenke gekauft werden.
HS 2: Vor dem Kaufhaus verteilt ein Weihnachtsmann Geschenke.
HS 3: Das Kaufhaus ist voller Kunden und Weihnachtsmänner.
HS 4: Ein Weihnachtsmann benimmt sich verdächtig.
HS 5: Lena und ihre Mutter suchen einen Kaufhausdetektiv auf.
HS 6: Lena beschreibt die Stiefel.
HS 7: Der falsche Weihnachtsmann wird am Ausgang gestellt.
HS 8: Eine verkleidete Diebin wird entlarvt.

b) *So könntest du die Personen charakterisieren:*
Lena ist lebhaft, neugierig und kann sich durchsetzen. Die Mutter ist fürsorglich. Der Detektiv ist skeptisch. Die Diebin ist gerissen.

2

b, c, a, e, d, g, f, h

3

a)
Nun waren es nur noch 10 Tage bis zum Heiligen Abend, und Lenas Mutter hatte noch längst nicht alle Geschenke besorgt. „ Kommst du mit und hilfst mir, ein paar Geschenke für Omi und Tante Margaret zu besorgen?", fragte sie ihre Tochter. „Wir gehen in den Megamarkt, da finden wir bestimmt etwas für die beiden."
Eigentlich hatte Lena keine Lust, sich in das Weihnachtsgetümmel zu stürzen, aber beim Megamarkt würde sie vielleicht ihre Mutter herumkriegen und eine Tube ihrer Lieblingszahnpasta mitnehmen dürfen, die mit dem besonders tollen Erdbeergeschmack, aber auch besonders hohem Preis. So standen sie bald vor dem Geschäft, in dem man alles für die Schönheit kaufen konnte. Schon am Eingang wurden sie von einem Weihnachtsmann begrüßt, der Lena fragte, ob sie auch schön brav gewesen war. „Aber klar!", antwortete Lena kess, und schon wurde ihr ein Probepäckchen Zahnpasta in die Hand gedrückt, eine von der langweiligen Sorte.
Im Megamarkt war es schrecklich voll. Überall legten die Kunden hastig Cremes und Pasten, Tuben und Wässerchen in ihre Einkaufskörbe, und an den Kassen standen lange Schlangen. Aber es gab nicht nur Kunden in dem großen Geschäft. In jedem Stockwerk stand ein Weihnachtsmann mit Rauschebart und wackelndem Kopf, der irgendwelche dummen Fragen stellte und dann ein Geschenk verteilte.

Ein Weihnachtsmann hatte sich zwischen die Regale gedrängt. „Hoffentlich kommt der jetzt nicht auch noch daher und fragt mich, ob ich brav war", dachte sich Lena. Aber der Weihnachtsmann schien sich nicht um die Menschen kümmern zu wollen. Im Gegenteil: Er schaute vorsichtig rechts und links und ließ dann allerlei Schächtelchen und Packungen vorsichtig in seinen braunen Jutesack gleiten. Ob das mit rechten Dingen zuging? Lena zupfte ihre Mutter am Ärmel und machte sie auf das sonderbare Geschehen aufmerksam. Und die Mutter gab ihr Recht: „Ich glaube, wir benachrichtigen den Kaufhausdetektiv", sagte sie und bald waren sie in einem Büro, wo ein Mann im Anzug hinter einem Schreibtisch saß.
„Es gibt hier einen Weihnachtsmann, der klaut", sagte Lena. Der Detektiv schaute sie zweifelnd an. „Das kann ich mir aber gar nicht vorstellen. Unsere Weihnachtsmänner gehören zu der Rasse der grundehrlichen, liebenswürdigen und eher brummigen Exemplare. Kannst du ihn mir genauer beschreiben?" „Nun, er hat einen langen weißen Bart und einen roten Mantel an." „Das wird schwierig", antwortete der Detektiv, „wir haben zur Zeit sechs Weihnachtsmänner mit langem Bart und rotem Mantel im Haus; das gehört zur Grundausstattung." Da fiel Lena etwas ein: „Gehört zu Ihrer Grundausstattung auch ein Weihnachtsmann mit schwarzen hochhackigen Lackstiefeln?"
Jetzt kam Leben in den Herrn. „Bitte, könnten Sie hier einen Augenblick mit Ihrer Tochter warten?", sagte er und machte sich auf den Weg. An drei oder vier Weihnachtsmännern lief er vorbei, die alle dicke Winterstiefel trugen. Aber kurz vor dem Ausgang entdeckte er einen etwas kleineren Weihnachtsmann mit einem schweren Jutesack über den Rücken, der gerade auf seinen hochhackigen schwarzen Stiefeln das Geschäft verlassen wolllte. „Sehr geehrter Herr Weihnachtsmann", sagte der Detektiv, „in meinem Büro wartet ein besonders braves Kind auf Sie. Bitte kommen Sie mit."
Im Büro des Detektivs gab es dann eine schöne Bescherung. Unter dem Rauschebart zeigte sich ein hübsches Gesicht, und unter dem roten Mantel war eine zierliche Frauengestalt verborgen. Und aus dem Jutesack fielen viele sündhaft teure Cremes und Pasten und Tuben und Wässerchen. Die junge Frau weinte bitterlich und erzählte sehr traurige Geschichten, warum sie Waren für viele hunderte Euro gestohlen hatte – und das wohl nicht zum ersten Mal.
Als Dank für ihre Aufmerksamkeit erhielt Lena einen Gutschein. Nun konnte sie für den Rest des Jahres ihre Lieblingszahnpasta kaufen, ohne einen Cent dafür ausgeben zu müssen.

b) Erzählerische Mittel sind:
- Erzählperspektive aus der Sicht eines Beobachters (Lena)
- Verwendung der wörtlichen Rede
- abrundender Schluss, der sich auf den Anfang bezieht (Lenas Vorliebe für Erdbeerzahnpasta)

Test

1

a) **gehen**: schlendern, marschieren
b) **sagen**: flüstern, ausrufen
c) **sehen**: erspähen, beobachten
d) **schließen**: zuknallen, zuklappen
e) **öffnen**: aufreißen, aufklappen
f) **schreiben**: kritzeln, notieren
g) **bekommen**: erhalten, empfangen
h) **geben**: reichen, schenken
i) **nehmen**: ergreifen, zulangen

2

a) **klein**: winzig, gering
b) **groß**: riesig, gewaltig
c) **schön**: wunderbar, großartig
d) **schlecht**: übel, miserabel
e) **laut**: schrill, durchdringend
f) **leise**: verhalten, kaum hörbar

3

a) Mein Freund **jammerte**: „Ich habe schon so lange auf dich gewartet!"
b) Der Spaziergänger **flüsterte**: „In diesem Gebüsch passiert etwas Merkwürdiges."
c) Der Verkäufer **säuselte**: „Dieser Pullover steht dir aber gut."
d) Mein Vater **schimpfte**: „ Ich bin unheimlich ärgerlich über dich."

2 Informieren

2.1 Die Gegenstandsbeschreibung

1

b) Es ist das Etui a).

2

a) Größe: Größe einer CD, 8 cm lang, 3 cm hoch
b) Form: rund, Kreisform, gerade
c) Farbe: weinrot, schwarz
d) Material: Leder, Plastik

3
c)

4
So könnte deine Beschreibung lauten:
Es handelt sich um eine Teekanne, die in Form eines Hauses, und zwar einer alten Mühle, gestaltet ist. Die Kanne selbst hat etwa die Form eines Würfels, der auf einem Sockel steht. Auf der Kanne ist mithilfe von Mauerwerk, Fenster, Tür und Mühlrad das Äußere einer Mühle abgebildet. Auf dem Sockel steht die Aufschrift: „Die alte Mühle". An diesem Teil der Teekanne befindet sich links der Ausguss, mit dem man den Tee einschenken kann, und rechts ein gebogener Henkel, mit der man die Kanne hält. Der Deckel ist wie ein Dach geformt: Man erkennt die aufgemalten Dachziegel, einen spitzen, hervorstehenden Giebel und einen Schornstein. Auf dem Giebel ist die Aufschrift 1812 zu erkennen.

2.2 Die Spielbeschreibung und die Bastelanleitung

1
Das Tabuspiel

Wesen und Ziel des Spiels

Bei diesem Spiel kommt es darauf an, dass man einen gegebenen Begriff so beschreibt, dass ihn andere innerhalb von einer kurzen, begrenzten Zeit erraten können.

Spielmaterial

Zu dem Spiel gehören zahlreiche Wortkärtchen. Ganz oben steht der Begriff, der erraten werden muss. Das Kärtchen nennt aber auch fünf weitere Wörter, die man bei der Beschreibung nicht verwenden darf, weil sie das Erraten erleichtern würden. Diese Wörter sind also „tabu".

Spielregeln für ein Gruppenspiel

Die Schüler einer Klasse werden zunächst in zwei Gruppen A und B aufgeteilt. Jede Gruppe ernennt jeweils einen Schüler/eine Schülerin, der/die der eigenen Gruppe nun Begriffe zu erraten gibt. Dazu wird ein Wortkärtchen genommen, das aber vorher nicht angeschaut werden darf.
Da der Schüler oder die Schülerin nur eine Minute Zeit zur Verfügung hat, bis der Begriff von der Gruppe erraten werden muss, versucht er/sie so einfallsreich und schnell wie möglich zu sprechen. Wurde der Begriff erraten, bevor die Minute vorbei ist, darf schnell das nächste Wortkärtchen genommen und der nächsten Begriff vorgestellt werden.

Das geht so lange, bis die Minute vorbei ist. Dann ist die andere Gruppe an der Reihe. Für jeden erratenen Begriff erhält die Gruppe einen Punkt.

Besonderheiten
Beide Spieler kontrollieren gegenseitig, ob die „verbotenen“ Begriffe nicht doch verwendet werden. Wenn dies der Fall ist, wird ein Punkt abgezogen.

Sieger
Sieger ist die Gruppe, die die meisten Punkte erhalten hat.

2

Mini-Treibhaus für Bohnenkeime

1. In den Deckel des Schraubglases stichst du mit einer kräftigen Küchenschere viele Löcher.
2. Schneide das schwarze Papier (oder den Karton) so zu, dass es wie eine Röhre über das Schraubglas passt und oben etwas übersteht.
3. Klebe das zugeschnittenen Papier in Röhrenform zusammen.
4. Dann wäschst du 5 Esslöffel Mungbohnen gründlich mit Wasser ab.
5. Anschließend lässt du die Bohnen über Nacht in einer Schüssel, die mit Wasser gefüllt ist, einweichen.
6. Am nächsten Morgen füllst du die Bohnen in das Schraubglas und lässt das Wasser durch die Löcher ablaufen.
7. Dann stülpst du die Papierröhre darüber und stellst dein Treibhaus an einen warmen Platz.
8. Dreimal täglich öffnest du das Glas, füllst lauwarmes Wasser hinein, schraubst es wieder zu und lässt das Wasser durch die Löcher ablaufen.
9. So werden die Bohnen gespült und belüftet.
10. Nach zwei Tagen haben die meisten Bohnen gekeimt, und ein bis zwei Tage später kannst du sie auf einer Scheibe Butterbrot verzehren.

2.3 Die Wegbeschreibung

1

Wenn Sie den Bahnhof verlassen haben, gehen Sie zunächst über den Vorplatz und überqueren an der rechten Ampelanlage die Ringstraße.
Sie laufen nun die gesamte Bahnhofstraße **geradeaus** entlang und wenden sich am Ende nach **rechts**. Sie befinden sich nun auf der Juliuspromenade, die Sie überqueren und weiterhin entlanglaufen. Nach etwa **100** Metern mündet von der **linken** Seite die Augustinerstraße in die Juliuspromenade. An der Ecke befindet sich eine **Apotheke.** Sie biegen in die Augustinerstraße ein, laufen an einer **Kirche** entlang und werden nach etwa **100** Metern sehen, dass sich rechts von Ihnen ein größerer **Platz** öffnet. Hier werden Sie schon die ersten Buden des Weihnachtsmarkts erkennen, der sich auf dem Markplatz und um die Marienkapelle herum befindet.

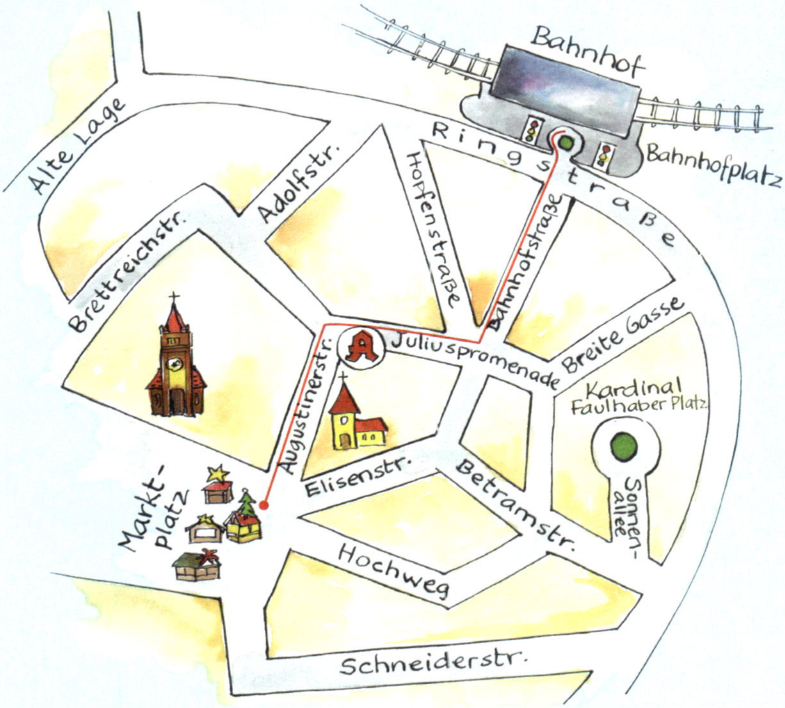

Test

1

Der blaue Radierstift hat eine **Länge** von 10 cm und einen **Umfang** von 8 mm. Er ist aus Holz **gefertigt**. Das **eine** Ende besteht aus einem **zugespitzten** Radiergummi. Am **anderen** Ende ist ein flacher **Pinsel** in einer metallenen **Umhüllung**, er dient dazu, die Radierkrümel wegzuwischen.

2

a) rund b) poliert c) hügelig d) glatt e) uneben f) einfarbig

3

So könnte Jannis sein Taschenmesser besser und genauer beschreiben:

Das Messer ist ein Schweizer Fabrikat. Es ist rot und etwa 9 cm lang. An einem Ende befindet sich ein kleiner silberfarbener Schlüsselring, in den eine Gliederkette mit Karabiner eingehakt ist. Das Taschenmesser hat drei ausklappbare Werkzeuge: eine Schneidklinge, eine Holzsäge und eine Kombiklinge, mit der man Dosen und Flaschen öffnen kann. An dem Ende, an dem auch der Schlüsselring angebracht ist, befinden sich zwei Öffnungen, in denen eine Pinzette und ein Zahnstocher stecken.

4

a) Karten austeilen, verteilen
b) die Spielfiguren setzen, verschieben
c) den Spielplan ausbreiten, auslegen
d) die Rollen verteilen
e) die Spielregeln erläutern, einhalten, brechen

5

Um einen Trockenblumenstrauß zu **basteln**, kaufst du **geeignete** Blumen wie z. B. Rosen. Diese hängst du dann mit den Blüten **nach unten** an einen warmen und sonnigen Platz. Wenn die Blumen nach etwa einer Woche trocken sind, **besprühst** du sie mit Haarspray, damit sich die Farben länger **halten**. Anschließend **stellst** du den Strauß in ein passendes Gefäß.

Umgang mit Texten

Sachtexten Informationen entnehmen 1

1.1 Textstellen verstehen, markieren und unterstreichen

1

Während Hund, Rind und Schaf damals schon längst Haustiere geworden waren und die Katze durchaus als Mäuse- und Rattenfänger geschätzt wurde, kam sie aus kultischen und religiösen Gründen zum Menschen. In Ägypten verehrte man sie in Form der katzenköpfigen Göttin Bastet, der Beschützerin des Heims, der Mütter und der Kinder. Da die Ägypter glaubten, dass Katzen böse Geister vertreiben, durfte ihnen niemand etwas zuleide tun oder sie verjagen. Zum Schutz vor Dämonen trug man Schmuckstücke, auf denen Katzen abgebildet waren, als Amulette um den Hals. Archäologen fanden solche Amulette in alten Gräbern.

2

Kult = Verehrung einer Gottheit
Dämon = böser Geist
Amulett = Schmuckanhänger, der Schutz geben soll
Archäologe = Wissenschafter, der sich mit alten Kulturen beschäftigt

1.2 Notieren und gliedern

1

Wann kam die Katze zum Menschen?

1. Katzen suchten in der Vorzeit nach weggeworfenen Nahrungsmitteln in der Nähe von menschlichen Behausungen.
2. Vor 6000 bis 8000 Jahren beschäftigten sich die Ägypter zum ersten Mal mit der Katze.
3. Katzen galten damals als Beschützer des Heims und Vertreiber böser Geister.

2

Die Altsteinzeit (etwa 600 000 bis 10 000 vor Chr.)

Wie lebten die Steinzeitmenschen?

Die Altsteinzeitmenschen waren nomadisierende Wildbeuter. Unter Nomaden verstehen wir Menschen, die keinen festen Wohnsitz haben, sondern ständig hin und her ziehen, meist auf der Suche nach neuen Jagdgründen. Der Altsteinzeitmensch war zu diesem unruhigen Leben gezwungen, da er den wandernden Tierherden nachziehen musste.

Wie sah der Mensch der älteren Steinzeit aus?

Auf Grund von Knochenfunden im Neandertal bei Düsseldorf (etwa 100 000 Jahre alt) können wir uns ein einigermaßen zutreffendes Bild von den Menschen jener Tage machen. Der Körperbau des Neandertalers muss plump und massig gewesen sein, die mittelgroße Gestalt war vornüber gebeugt und hatte lang herabhängende Arme. Am Gesicht fallen die flache fliehende Stirn, die hervortretenden Backenknochen und das stark zurücktretende Kinn auf; die Nase war breit und platt. Wulstige Augenbrauen und tief liegende Augen mögen zu einem finsteren, wilden Gesichtsausdruck beigetragen haben, was den ungemein harten Lebensbedingungen entsprach.

Welche Kleidung trugen die Steinzeitmenschen?

Die sehr starke Körperbehaarung bot einen natürlichen Schutz gegen Kälte, denn in der ersten Zeit war jede Art von Bekleidung unbekannt. Erst später legten sich die Menschen Felle erbeuteter Tiere um und hängten solche auch vor die Eingänge ihrer Höhlen.

Wie wohnten die Steinzeitmenschen ?

Viele Jahrtausende lang wohnte der Mensch der Altsteinzeit im Freien, er schlief in flachen Gruben und hinter windschützenden Sträuchern. Schutz vor wilden Tieren bot allein das Feuer. Erst später suchte er sich richtige „Wohnungen", meist natürliche Höhlen an den Rändern der Gebirge. Sie schützten vor Kälte und wilden Tieren, spendeten im kurzen Sommer Kühle, im Winter Wärme und trotzten Sturm, Schnee und Regen.

Test

1

Welches sind die gefährlichsten Katzenkrankheiten?
Wenn eine Katze nicht fressen will, ist sie meistens krank. Dann solltest du sofort zum Tierarzt gehen, denn es gibt zwei sehr gefährliche Katzenkrankheiten: die Katzenstaupe (auch Katzenseuche oder Katzenpest) und die Tollwut. Beide Krankheiten sind sehr ansteckend und sie werden von einem Virus verursacht. Vor allem junge Katzen erkranken an der bösartigen Magen- und Darmkrankheit Katzenstaupe, und die meisten sterben daran.
Während die Katzenstaupe nur bei Katzen vorkommt, kann sich die Tollwut auch auf den Menschen übertragen. Eine Katze kann diese Krankheit bekommen, wenn sie von einem tollwütigen Fuchs gebissen wird. Tollwut ist deswegen so gefährlich, weil sie eine Erkrankung des Zentralnervensystems ist.
Du kannst jedoch deine Katze vor beiden Krankheiten schützen, indem du sie schon in den ersten Monaten dagegen impfen lässt. Diese Injektionen verhindern für einige Jahre den Ausbruch der Krankheiten.

2

a) Zentralnervensystem b) Virus c) Injektion

4

Absatz 1: Nahrungsaufnahme des Menschen
Absatz 2: Menschen sind Allesesser
Absatz 3: Manche Menschen sind Vegetarier

Damit der Mensch am Leben bleibt, muss der Körper ständig durch die Nahrungsaufnahme mit Nährstoffen versorgt werden. Erhält er mehr als ein paar Stunden lang weder Nahrung noch Wasser, wird in einem Teil des Gehirns die Empfindung von Hunger und Durst erzeugt. Sie sind eine Warnung, dass Nährstoffe oder Flüssigkeit gebraucht werden. /
Ein gesunder Erwachsener kann mehrere Wochen ohne Nahrung überleben, ohne Wasser stirbt er aber schon nach wenigen Tagen. Die meisten Menschen sind Allesesser. Sie nehmen Nahrung aus pflanzlichen und tierischen Quellen zu sich. Fleisch ist ein wertvoller Lieferant für Proteine, aber auch für Vitamine und Mineralstoffen. Manche Fleischsorten enthalten viele gesättigte Fette, die in großer Menge gesundheitliche Probleme verursachen können. Fisch dagegen ist gesünder, da er reich an ungesättigtem Fett ist. /
Es gibt auf der Welt aber auch viele Millionen Vegetarier, das sind Menschen, die kein Fleisch essen. Manche Vegetarier verzehren Eier und Milchprodukte, um so die notwendige Menge an Proteinen, Vitaminen und Mineralstoffen aufzunehmen.

2 Literarische Texte unterscheiden

2.1 Märchen und Sage

1

Es war einmal ein kleines Mädchen, dem waren Vater und Mutter gestorben.

2

Aus den Sternen werden Taler, die das Mädchen reich machen.
Obwohl es alle Kleider weggegeben hatte, hat es plötzlich ein neues Hemd an.

3

a) Ausgangslage: Das Mädchen muss allein und mit wenig Besitz in die Welt hinaus.
b) Verhaltensweise des Mädchens: Es gibt einem armen Mann und vier Kindern den Rest seines Besitzes und behält nichts übrig.
c) Ergebnis: Die Sterne fallen vom Himmel und nehmen dem Mädchen die Sorgen.

4

Wer anderen, auch wenn er arm ist, etwas gibt, wird reich belohnt werden.

6

(1) Er beruht auf geschichtlichen Begebenheiten, die heute noch nachprüfbar sind.
(2) Er handelt von einem wundersamen Ereignis.

7

Der Traum vom Glück auf der Brücke zu Koblenz

Ein Bewohner des am Hochwald gelegenen Dorfes Alt-Rinzenberg hatte einst drei Nächte hintereinander den gleichen Traum; eine Stimme rief ihm zu: „Zu Koblenz auf der Brück; da blüht dir dein Glück."
Als der Mann den Traum seinen Verwandten erzählte, drangen diese so lange in ihn, bis er sich nach Koblenz aufmachte, um das Glück zu suchen. Dort begab er sich sofort auf die alte Moselbrücke, an der das Kur-Trierische Schloss stand, und ging hier auf und ab, das Glück erwartend, das sich aber nicht einstellen wollte. Eben gedachte er – denn es war schon gegen Abend – voll Ärger über die unnötigen Ausgaben und die beschwerliche Reise wegzugehen, als ein Soldat, der auf der Brücke

Schildwache stand, auf das sonderbare Gebaren des unruhig hin- und hergehenden Bauern aufmerksam wurde, ihn anredete und fragte, was er eigentlich hier suche. „Ach", erwiderte der Bauer, „da träumte mir dreimal hintereinander: Zu Koblenz auf der Brück, da blüht dir dein Glück. Und nun laufe ich schon den ganzen Tag hier auf und ab, aber vom Glück habe ich noch nichts gesehen." Da lachte der Soldat und sagte: „Auf Träume darf man überhaupt nichts geben; da träumte ich immer, in Rinzenberg steht in einer alten, zerfallenen Zisterne ein Kessel mit Gold. Aber soviel ich auch gefragt habe, kein Mensch kann mir erklären, wo Rinzenberg liegt, das gibt's ja gar nicht."
„Ah", dachte der Bauer, „bläst der Wind daher! Jetzt weiß ich genug." Er verabschiedete sich schnell und machte sich auf den weiten Heimweg. Zu Hause fand er den Schatz richtig an der bezeichneten Stelle, hob ihn und erbaute weitab von seinem Dorf, am Eberswalde, nahe bei den damals berühmten Sauerbrunnen, drei schöne Häuser und gründete so Neu-Rinzenberg, das unter dem Namen Rinzenberg heute noch besteht, während Alt-Rinzenberg verfiel und bald völlig verschwunden war. Im Volk will man noch die Stelle genau wissen, wo der Weiler einstens gestanden war.

8

Die Voraussagen beider Träume treffen zu.

9

b)

10

Es kann sich lohnen, an Träume zu glauben und diese in die Tat umzusetzen.

2.2 Gedichte

2

Die friedliche und heitere Stimmung eines besonders schönen Vormittags an einem Strand.

3

Es war ein solcher Vormittag,
wo man die Fische singen hörte.
Kein Lüftchen lief, kein Stimmchen störte
Kein Wellchen wölbte sich zum Schlag.

Nur sie, die Fische, brachen leis
Der weit und breiten Stille Siegel
Und sangen millionenweis
Dicht unter dem besonnten Spiegel.

4

Kein **L**üftchen **l**ief,
kein **St**immchen **st**örte
Kein **W**ellchen **w**ölbte sich

5

Das Gedicht besteht aus zwei **Strophen**, die jeweils vier **Verse** aufweisen. Die beiden Strophen haben ein unterschiedliches **Reimschema**. In der ersten Strophe weisen der erste und der vierte Vers den gleichen **Endreim** auf, während sich der zweite und dritte Vers anders reimen. In der zweiten Strophe reimen sich dagegen erster und dritter **Vers** und der zweite und vierte.
Jede Verszeile hat einen ähnlichen **Rhythmus**. Er entsteht durch die Abwechslung einer betonten und einer unbetonten **Silbe**.

Test

1

b, d, f

2

a) Ort: Alt-Rinzenberg und Koblenz
Zeit: Bevor das Dorf Neu-Rinzenberg gegründet wurde.

b) Bewohner von Alt-Rinzenberg: neugierig, hartnäckig und schlau.
Soldat: nicht neugierig und tatkräftig genug, um sein Glück zu finden.

c) HS = Handlungsschritt
HS 1: Die Träume des Bewohners von Alt-Rinzenberg versprechen ihm Glück
HS 2: Er bricht nach Koblemz auf und wartet auf der Brücke auf die Erfüllung seiner Träume.
HS 3: Bei der Begegnung mit dem Soldaten kommt er seinem Glück näher.
HS 4: Er findet den versprochenen Schatz und baut ein neues Dorf.

d) Der Höhepunkt des Geschehens findet sich im 3. Absatz:
„ … da träumte ich immer in Rinzenberg steht in einer alten, zerfallenen Zisterne ein Kessel mit Gold."

Literarische Texte verstehen 3

1

Die Geschichte spielt in der realen Welt, die uns umgibt. Es ereignen sich keine wundersamen Geschehnisse. Sie ist in Alltagssprache geschrieben.

2

Schlitten / weinen / Tür / hineingehen / brüllen / reinkommen
Wer brüllt, kommt rein / Die Tür geht zu.

3

a) Ort: Ein großer Garten mit Bach
b) Zeitpunkt der Handlung: ein sonniger Vor- oder Nachmittag im Winter
c) Hauptgeschehen der Handlung: Zwei Geschwisterkinder streiten sich um einen Schlitten, der Vater will oder kann den Streit nicht schlichten.

4

a) Ein kleiner Junge namens Andreas, der noch nicht sprechen kann und seinen Willen durchsetzen will.
b) Ein älteres Geschwisterkind, das hilfesuchend den Vater ruft.
c) Ein Vater, der von den Kindern nicht gestört werden will und sie grob abweist.

5

Zwei Kinder	Vater
Sie streiten sich immer wieder um den Schlitten und brauchen Hilfe vom Vater.	Der Vater zeigt immer wieder nur gereizte Gleichgültigkeit, indem er aus der Tür brüllt und sie dann wieder schließt.

6

Das kleine Kind fällt in den Bach, und der Vater bleibt im Haus.

7

Das Kind könnte ertrinken oder von dem Geschwisterkind gerettet werden.

Inhalt Training Deutsch 6. Sj. (ISBN 3-12-927051-5)

Rechtschreibung

Grammatik und Zeichensetzung

Verfassen von Texten

Alle Tests auf einen Blick

Register